雲南雜誌照片之奇特

敝社自開辦以來以材料論除照例揭載關於西南及全國之重要文字外尤以每號均直接譯載法英越緬越各最有關係之書報爲獨一無二之特色今更大事擴張即圖繪一門亦無不極意搜羅以期饜愛讀諸君之目計刻下由特派員訪事員通信員諸君所寄來非常奇特之照片如左（自十一號起接續登載）

(一)法領安南之人頭博覽會　其一以安南無量數之人頭積累而成觀之可以知亡國人之慘狀其二以中國無量數之人頭積累而成觀之可以知海外同胞無同種政府保護之慘狀均特派員所親撮者也

(一)法領安南漢軍旗活動之眞影　計二幅均中國人投入法營者也一爲平時一爲演習時之照像觀此可由明末漢軍旗之大活劇以推定中國今日之前途

此外更有四於印度洋島之緬王及王妃及緬王故宮之照像法國各種兵隊演習及軍營圖法人殺安南人各種怪法圖關於南防形勢重要測繪圖多種

注意　凡定閱本報者均可向本社或新女界四川粵西河南農桑等社訂購定閱各報者亦均可向本社訂購

日本東京神田區西紅梅町六番地

雲南雜誌社

晉乘廣告

本社六大主義一發揚國粹二融化文明三提倡自治四獎勵實業五收復路鑛六經營蒙盟議論精實深邃迥非浮夸皮傅者所能企及其中研究國語闡釋古學者諸篇尤爲空前絕後之作文藝一欄更能滌舊革新獨樹一幟咸有裨益社會之文不類無關時世之作誠文明時代無雙之饒將雜誌世界唯一之霸王也第一二號出版後大受社會歡迎三號現已付梓不日出書識時之傑有志之士曷一覽焉如欲訂購者祈逕函達本社或向雲南四川河南夏聲諸雜誌社訂閱皆可

每册一角四分半年六册七角全年十二册一元二角

日本東京神田區仲猿樂町五番地

晉乘雜誌社

國報第一出板

本報以**指導國民獨立提倡地方自治**　爲主義數年來吾國所聚訟之政見一旦爲根本之解決如土委地眞國民之箴言寶訓而救亡之金科玉律也神洲無直言久矣放便嬖之淫辭造公正之輿論其在斯乎文辭法理質文彬彬現代吾國政治界唯一之大雜誌也憂時之士其亦先睹爲快乎二號付梓不日出版如欲訂購者祈逕函達本社或向雲南四川河南晉乘夏聲各雜誌社及各支部訂購皆可

全年十二册二元　半年六册一元一角　零售一册二角

日本東京神田區中猿樂區五番地

國報社啓

國報第一號目次

江西雜誌廣告

莊周有言泉涸則魚相呴以沫而相忘於江湖故鳥之將死其鳴哀心所謂危必以告本社同人慨故鄉之不競傷來日之大難願同長吉之嘔心肝不避孫卿之譏口耳剌取所學組一襍誌顏曰江西專以導引文明濬發民智鼓吹地方自治圖謀社會公益嗟夫、歐風東捲國步艱危江西處揚子江流域潮流震盪日益劇烈而日本朝報聲言欲括諸州權利南潯軌線延緩徒勞數載工程渺渺章門沉沉黑獄廬山黯其無色贛水咽而失聲於人曰浩然安得文山之氣問天其何意太息若士之詞言之不文惟以告哀邦人諸友其或有取於斯

江西雜誌社啓

像肖年青崙波拿

水底之交通

水底交通之器。今日尚在幼稚時代。然各國海軍之潛行艇。久已普通使用。潛行艇之創製。在一千七百七十五年。爲美國濮盧曼氏。其後法人亦屢有經營之者。然皆不能游行自如。故至一千八百六十四年。發明幾及一紀。而美人用以助戰。雖沈敵人戰艦一艘。而艇中死者亦三十五人。自一千八百八十年以來。各國海軍、奬勵製艇之人。不遺餘力。至今其製始益臻完善。每國海軍中、常有數十艘。右圖卽英國水師隊中之一。

勸告亟行地方自治理由書

鴻飛

完成新軍期以三載整理財政術亦多方實力進行皇皇焉思突立於東亞者非今日國家對於列強之兵戰商戰耶要求國會鬨於朝野預備立憲見於詔疏各持意見靡靡焉猶競爭於廟堂者非今日政府對於內治之革政振新耶建設學校提勵人智擴張實業鞏固民力竭盡心思孜孜焉以唱導於各地者非今日志士對於地方之補本培元耶綜是以觀似亦可謂綽有條理矣然以吾觀之則猶以爲未也何則國家之競爭非不在新軍財政也內治之改革非不在立憲國會也地方之振興非不在教育實業也然欲達此諸種之根本的進行則實非地方自治莫爲功也玆爲略述其大凡以爲我同胞決擇焉

夫今日之世界誠國際競爭最激烈之秋也然夷考其所以致此之由則實因國民興亡之關係而非因國家興亡之關係也何則物競天擇優勝劣敗達氏之言已成公例不待言矣因是之故人思圖存不得不思所以自衛以蘄免於淘汰之列而武力之一途則爲惟一無二之保障故兵戰爲先至於兵事或有難於進行之時而商戰復因之以繼行其後蓋人口增加食物減少而國內之生產既不足以供其取求勢不能不求之他國以爲助而此國之人民苟不足以爲抵禦則其害亦與敗於兵者無以異同爲死亡流離而後已故其競爭乃因國民之生存競爭非爲國家興亡之競爭然又必言國際競爭而不言國民競爭者則以國民之爲言乃以個人爲單位其數至狹而國家之爲用乃以全體爲集合其効至廣苟徒持個人之力以與彼國之人民抗使彼國之人民亦以個人之力爲抵抗其爲優劣已無可言然今日之勢其最大之進行恆籍團體之力以爲擴張設不以最大團體之力爲對抗則其亡也亦可立而決故國家之爲用乃國民集多數以抵抗他國之護符國家之興亡即國民之興亡不能驟分不可獨立其爲用蓋有如此其切者然有進言者國家之興

亡非國家之自身司之實國民之身出而運行之國家不過擁表面之形式而國民則負全體之實質國家之興也亦祇爲徽章之榮譽而運用其機關實受其福利者厥爲國民國家之亡也亦僅屬名詞之墮散而淪亡其主權直被其慘毒者亦爲國民 **故國民不能自立即國家不能自立則今日之對於國際的競爭其惟求國民自立之一道而已** 例如兵戰也訓練軍備固國家之任務然使民氣不張仍以疲痺爲習慣無論教授之方法未遽精即令善焉其能趨此不愛國愛種者以從事於疆場耶又如商戰也國家經營自當有限苟人民之知識不能達經濟之進行縱各國不攘奪其利權且將拋棄之而遺大患況今日點滴之利益皆不能退讓尙何能使國民放棄而略無所顧惜耶 **則欲求兵戰商戰以爲國際的競爭者其惟亟行地方自治以鼓勵其自立之國民斯可耳** 雖然國家之力亦不能鼓勵而及於國民然其效至緩且中國地域之廣大爲環球各國所稀有而國家之實力亦

未必遽至周到而無遺兼以地方官吏之腐敗復不能達國家之用意而騷擾以侵民者且蹤相接或間有能實體國家之意亦不知於何年何月而始爲次第以進行是其遷延時日誠恐有吾民亡不及待之勢矣夫印度緬甸安南朝鮮之亡也固已於政府之放棄也然實則國民之不能自立故終不能以圖恢復也使其國民精神稍振則東亞之舊邦又誰敢而侮之者法蘭西累經大亂而各國曾不敢分其地豈國家之力使然抑亦人民有自立之精神耳我同胞於此盍亦知所自勉矣凡此者乃吾對於國際的競爭而不能不亟行地方自治也。

今者內政之改革競言立憲矣競言國會矣然國會與立憲苟能完全施行其一端則其精神固無以異矣蓋有主權之國會即無實質之憲法(不成文的憲法)而國會亦能操縱之或有美滿之憲法而國會之特權亦能保護之故二者之名雖分其効果則同雙方并得固吾人之希望或僅得其一焉若能實行保障我國民之幸福抑亦吾人之所最禱祝者今且無論政府不能予我也（吾之意見以爲現今政府之所謂立憲所謂國會其發表時必有不滿吾國民之意者茲因無關於本論故置不言）即令予我以完全之憲法國會則欲運用此憲章及國會者我國民當直接

任其責而此素未諳習之事故其又將何以處此也夫憲法之所以爲吾人之稱道者以其能使人民參與政治也然徒有其法而我民復不能以運用之則亦何貴而有此法也今即究國會而論彈劾政府乃其特權然必其質問洞中癥結則其言論乃爲有効若無辨別政治得失之能力所爭論者皆微物細故或爲其正當之行爲而妄爲責備而於其干法越權及其他失敗之政策反熟視而無睹則政府之視議會一若略無價值輕蔑之心勢所必至而此議員之心意又不能自悔已身之無識復狂呼之而無忌解散之途自不能免一度如此再度如此雖有良憲法亦不能爲此輩之保障矣至若法律案也議員知識苟屬幼穉則政府所提出者盲從焉而不能贊一詞或政府所提出極良之法案不能知其精神之所在而慢爲反對或其自爲提出者乃無謂而不可行且自議決之是議會乃爲亂國之媒而亦何必增此禍端也餘如預算案也政府常思增加國民常欲節減自非碻知政治之大勢社會生計之實質亦必慢爲承諾慢爲反對皆於國家有極大之影響其他若議員自治亦爲必需挾刀橫行以肆已見甚或出諸院內而議長不能爲之彈壓捕逮之罰亦所

難免而議員之聲名且狼籍矣凡此所言尤對於被選舉人而言也至若選舉人亦非可略無程度也即如選舉權者固含有義務性質之權利也不可放棄方為合法而在無識之民每拋棄之而不過問或其選舉者又出於受賄賂被威逼不能為本意之投票加以選舉之區競爭時有在程度幼穉之國常至出武力以擾亂秩序或其所選舉之人乃以私人之利害為要挾不知代表國民之公意偶一不得相怨相仇莫之或已諸如此類不可勝書。**總之非先行地方自治養之於前則欲國民之能運用憲法國會乃為萬不可得之勢**誠以學古入官古有明訓事經越歷方有指歸縱屬至細至微之事亦必習之有素持之有方而後不至於臨事以失常況此立憲國會之最大要政乃為我中國數千年來所未聞即今實行地方自治以為啓提竊恐於數年之間而人民知識之澀鈍者或恐所未及況其漠不關心而徒昌言立憲國會之名義設一旦實行之期至則試問猶有將何以處此立憲國會也凡此者乃吾對國內的改良而不能不亟行地方自治者也。

且吾聞之人類之狀態其所以異於諸動物者以日日增長其進化也今日者因世界之交通種族之糅雜而進行之方法尤爲前此所未有然人智愈開文運愈隆而政務日趨於紛繁亦爲勢所必然之事儻使一國之內僻壤窮鄉悉置百官政廳以爲統率無論不堪其繁亦且有爲不能之勢蓋人民之智識既開則悉有自爲處理之能力因非若野蠻人類之絕無意識者可比故國家之下必分幾分之政務委於地方以自理而後人民之進化速國家之根本亦鞏固矣若夫事無大小盡受中央政府之裁決匪特無益且又害之也何則全國面積之大匪可以一二地概其大凡土地山川之情況不同人情風俗之好尙各異苟從劃一之規定乃爲勢所不能或政府欲强之使行其進步之遲鈍固不待言而騷擾之點亦爲碻不能免之事例如敎育也國家之力僅能於一縣中强使設小學一所其他雖或有間設者亦爲例外之政而司其事者亦端賴其鄉人之經營勿論事經官辦恆多敷衍具文即使其善良焉而吾國每縣之大率數百里敎育普及洵非一學堂之所能奏効則其他據城較遠之人民其將置之於不顧乎又如經濟也吾國之生產以個人之力亦營口謀

之而無所不至然所以遲遲而不發達者則以無各種之組合故也國家雖能定爲條規設爲奬勵而强之使行亦爲勢所難行之事況某地適宜何種之辦法國家亦無從周知下此若農業工業商業等等改良之舉動皆必賴人民之自爲進行若全依賴於國家之處理則又萬萬不能之事變詞言之　**即地方之利益非政府之能力所能予之乃地方人民自動營謀之然其營謀以達此利益之方法雖其條理尙多而先設自治機關猶吾之所以爲第一着也**　蓋凡事之成立必先有公共之機關以爲嚮導然其公共機關又必出於人民公意之接合而後無隔閡之虞而後有信用之効不然前此之府廳州縣固儼然一公共之機關也而所行之政乃多不與地方以實益且因以貽地方莫大憂患者則以獨斷獨行非吾民之公意認爲必要者也今若行地方自治則凡在地內之人民自非無人格之人皆有參與地方之權利何利可興何弊宜除旣由全體之議決必爲其事之碻有實利且已經衆人之承

諸其進行之時亦必無阻撓前途之慮兼以籌欵之方亦易爲力益人民既信任此團體之爲公益捐輸之費且將日多況地方所行之政如學校道路衛生水道等皆於其身實受其利益而謂籌欵一節衆人有不踴躍從公者吾竊有所未信也因是以觀地方自治自易成立則行之數年吾知各種學校林立地內各方實業均撚發皇則國民能力且將與各國爭長而所謂局局一國區區一鄉以與彼輩競先後者此又猶其小焉者也故吾黨爲之言曰**今日中國何地方先行自治則他日人民之精神能力經濟能力即較各地爲遠過至若地方自治行之最後者當亦與此成一反比律**此理勢之必然而不待予爲之附會其說者凡此者乃吾對於地方振興而不能不亟行地方自治者也

上來所述已可知地方自治之爲必要矣惟是我國近日黨派之爭恆持意見或主激烈或持和平或守中立彼是此非互相辦難雖歸結之點悉以國家公益爲前題然組織一事不問其良焉與否惟因黨派而生激劇之衝突甲黨舉辦則乙黨起而

反對之乙黨主持則丙黨出而阻撓之而公益所存乃反因此而爲障礙雖吾人素志亦於三黨中而自有所持調和之點且黨碻信其未有然今日對於地方自治之事亦不妨平其心靜其氣　大聲爲我同胞告曰苟能亟行地方自治者勿論何黨主持何黨舉辦皆當贊成不必因其爲與我異其黨見者起而反對出而阻撓蓋此事匪爲何黨一部之利益乃各黨均分之利益若猶持一派之意見則是不知自利之人吾亦無說以處此也　特吾爲此說吾實非作鄉愿語也誠以激烈派之意見原欲急劇而掃淸政府以重建最良之國家然使人民之程度猶是現今之低下則破壞以後竊恐難達圓滿共和之目的國民自治者乃豫備健設共和政治材料也至於和平派之宗旨亦不過欲逐暫改革以達於最善之境然今日政府腐敗已無可言扶之於東則倒之於西得之於左則失之於右百孔千瘡幾岌岌不可以終日是法依賴於政府之進行而置國民於

無責任之地位吾恐政府之不能振興我民將亦隨之俱盡矣若夫中立派之趨向惟以有益於前途爲方法激烈和平皆應時以爲運用然其視政府爲變幻亦非爲其計之所得故於三派之中苟稍知事勢之所歸則欲達其美滿之目的者實舍地方自治更無法以如將來之希望也然吾猶有進言者 **其爲國家謀公益而以政黨自命者固當以亟行地方自治爲至計然等而下之即僅爲個人營私利者亦當以亟行地方自治爲得策也** 誠以地方自治不成立則教育實業自難期以發達之境而良師益友縱爲其地所產出亦因本地之不能駐留復相率而他去則子弟之欲求學無少無長皆必赴他處以授教而已身因之而蒙損害者亦爲通常必有之情況乎現今地方之經濟生產之數日難供給遑個人之能力勞碌終歲已駸駸有不能支持之觀則愈去愈危又不知若何底止苟地方自治不亟爲施設而生產之額又無法而使增加數年以後惟有流爲餓莩之一法而已因是而言是地方自治不徒言國

家主義者有利益即言個人主義者亦有利益也彼不知其義者而惟施其無意識之反對焉則觀此中之實質當亦廢然返矣

雖然地方自治之有利益如上所陳亦可不贅言矣獨是地方自治之四字其淵源之所在吾國乃襲之日本而日本則從西文譯出固非我國之固有之名詞亦非日本固有之名詞也在我國驟聞此義固甚漠忽而無主然日本於此學說已自多端且更求之西洋之意義其歸宗亦未有一定也吾嘗遍觀東西之各種國法學政治學等書其於地方自治之定義爭論不一甲是乙非各肆己說孰勝孰負殆無論定吾人爲實益起見固不必旁徵學說滋生疑竇然欲釋公衆之惑以擇所効法者亦不可不紹介其意之大略焉茲先舉各國事實之不同致生學說之有異未復伸明吾人之意見以決定吾人仿効之歸宗雖其間與他人之說多所不合然要之爲對於中國現時之情形而言縱有越軌之論亦不過欲喚我同胞自立之精神故於法理之稍有抵觸者亦未皇多顧也考西洋自治之原語約有二種(一)英文謂之「Self-government」直譯之則自爲政治之意也盖政治云者凡國家統制之三作

用。所謂立法司法行政。皆包含之。故英人用此意之於地方自治者。實有自爲一小國家之狀態也。今觀英國之自治制。其行政立法。自爲施行。固不待言。即司法制度。如陪審也。乃選任人民爲名譽職。以決刑事被告人之有罪無罪。又如商事裁判。亦以商人爲名譽職。而使其陪席。凡其所定。皆莫不基於自治之觀念。故其自治體之議決。而官吏有不能不執行之義務。亦如其國會之議決。而君主有不能不執行之義務也。是英國之事實。乃全基於人民之自爲。除破壞國家治安外。官吏即不得而干涉之也。(二)曰德文『Selbstverwaltung』直譯之。則自爲行政之意。盖除立法司法外。以行國家之事務者也。故其自治制。專爲行政。而不涉及於百般之事項。如其立法也。地方議會之議決。按能行與否。皆聽官吏之制裁。而裁判之權。且爲人民之所萬不能干預。是德國之事實。乃爲國家分任機關。不過使人民略助辦理。非能使人民得自由行動也。綜觀兩者各自不同。英則注重人民。德則注重政府。英宗於下。德繫於上。英故艷稱地方分權。德乃喜言中央集權。而學者所研究。乃亦遂因此爲分岐之點。若辯那斯得德之大儒也。乃以自治者。須以法律定之。決非從習慣而成。幷舉英之治安裁判由國王欽命爲證波倫哈克等承其流乃竟以人民絕無權利之可言矣是其爲說原依德國之事實其弊則過於服從至於英儒樂士爾則謂地方自治宜以社會獨立爲本必脫離政府警察權之干涉而近世英國之學者皆以此爲宗向是其爲論原本英國之事實其弊又似流於放任總之兩說固皆自有所持而一偏之誚究難免也惟是調和之說層出遞起或取英德之長或抉英德之弊持論不一各非無見究之中心之點自難確言不偏於上則反於下不戾於民則背於官公理難求固如是矣然吾聞之美洲制度取法乎英而地方自治乃竟有一日千里之勢大陸及日本制度取法乎德而地方自治乃反有進行遲鈍之虞是其學說不必言而其事實之得失又可恍然矣因是推之則 **吾人今日之言地方自治當仿效乎英美不當摸擬乎德意志及大陸日本諸國** 誠以學說之高尙原無關乎事實之進行吾人今日所持之論惟以實利爲準則固不論乎學說之偏畸況英人之議論又確能有完滿之理由雖反對有詞亦可置諸弗議弗論之列也加以實行地方自治復有自動被動之區別其自

動者莫如英美當國家政治棼亂之時種種之設施皆未就緒而其人民之於地方自治已確有完全之精神故一切組織純爲人民之自定而非依官府之勢力以成之若夫德意志及大陸日本諸國雖其先亦未嘗略無根基然其組織完全則全屬於政府發布地方自治之法規以後是彼各國乃官辦之地方自治而人民之行爲悉出於被動也可知今吾人欲亟行地方自治準之各國情形則惟能自動而不能被動何則我國內治腐亂已極其中央之爭論者惟競之於憲法之一途而地方自治之法規尙未議及於發布然今日時事之艱險地方自治又不可暫緩以須臾則其組織以成立者自爲自動的而非被動的然所謂自動的者亦非謂與政府爲對敵不過自謀利益而脫卻其依賴政府之意故政府於此亦必不施以干涉如吾政府固欲假立憲之名行中央集權之實矣既有其名勢必粉飾其名以行之故憲章未布而自治之詔已見特黨見粉歧未克急定法規以謀統一勢不能不以此權擲之於人民自爲經理自爲決擇則吾人於此更當刷勵其精神以圖進行雖有政府之限制且將猛進而取奪之況爲政府所特別以予我者則我輩又何可放棄之而

不顧耶且吾又審諸世界之大勢矣地方自治就其目的言之屬於自動者其他日之幸福必多屬於被動者其他日之幸福必少就其手段言之屬於自動者則前途之用力爲易屬於被動者則前途之用力爲難何則凡事之經民間自辦者其佈畫設施恆出於人民之公意則强制執行之行爲自所稀見若有官吏厠於其間則事事遷掣彼有意見且厲行之而不顧衆怨是其幸福之點用力之間皆因此爲斷決人非至愚孰肯捨多取寡去易就難**則乘今日時機亟行人民之自動的地方自治而勿待他日成政府强迫之被動的地方自治者斯爲得也**此固吾主張仿效英美地方自治之理由然亦即爲亟行地方自治之惟一理由也

獨是地方自治之名詞我國書傳不經見雖爲現世一般報紙所稱道而其實體究未明言則吾人之欲我同胞以亟行者保無有鄉先輩聞而駭異以爲吾人徒慕西法而不自知改良其固有之政也於此問題亦爲我輩不可不研究者蓋中國之物質文明自當純効西人固有之說可不持也若夫學術政治只須採用之亦爲平情

之論則今日吾人之對於地方屬於政治方面亦宜因其固有者而發皇之又何必兢兢焉而行此地方自治之名目者不知地方自治之內容求之中土莫如保甲之法為差近則辨地方自治即名曰辨保甲似乎可也然其實究不能也何也地方自治可以羅網乎保甲而保甲不足以包孕乎地方自治故也按唐六典及文獻通考以諸戶百戶為里五里為鄉四家為鄰三家為保每里設里正一人按比戶口課植農桑檢察非違催納賦役而以在邑居者為坊々有正在田野者為村々有長是其組組及所辦之事與近世東西之地方自治頗為相類又明洪武二十七年擇民間之年高公平而能任事者令掌其鄉之詞訟凡戶婚田土鬬毆等事件許其會同里胥決之不經其審判而出訴於州縣以越訴論罰則又各國地方自治以無裁判權為原則者我國且有之是保甲亦可括地方自治矣然皆為歷史上陳跡且為偶然之事非能繼續於現在者又其中欠解之點甚多茲姑不贅

夫近世國家之所謂地方自治者謂其團體為國法所認為有固有之生存目的而處理其公共事務者也非謂國家為補行政機關之不備而令人民編成之為某制度也若保甲者乃為國家之達其自己之生存目的此國法上不認其團體有固有之生存目的也故保甲之制度非真實地方自治之制度今觀其職各地雖不一而規定於國法者則有警察戶籍收稅之三種然自丁口稅并於地稅以來編查戶籍亦已廢弛而徵收地稅人多視為畏途以致牌甲保長畏避承允沿至嘉慶十九年乃更有解除催徵錢糧之制故嘉慶會

典惟有稽察犯令作慝者而報之之明文是保甲之職務又不過警察之一事耳然其所謂警察又非地方警察僅受地方團體之支配而其事權所歸皆直接隸屬於國家機關之下絲毫之意思人民亦不能行使是不過國家之附屬機關而非國家內之獨立機關也若夫現今之地方自治則爲國家內之團體得以自己獨立之意思處理公共之事務若團體之意思不能獨立專由國家之指揮命令以處理其事務時即非地方自治故所謂公共事務者範圍極廣如（一）發布條例（二）歲出入之豫算決算（三）地方稅徵收方法及種類（四）公欵之處分（五）營造物之管理（如建設各種學校病院博覽會圖書館博物館公園道路堤防水道等皆在其內）等皆得完全行使其意力并非若昔之保甲事事皆受官吏之命令則其事權之大小誠有至不相同者惟是保甲之効用有時亦自由行使其意力而不受官吏之干涉其獨力之情狀且較地方自治爲完全然不過爲僅見之事而非通常之事也且我國政治人民休寂恆與官吏之利害嘗成一反比律而此保甲團體其辦理條規復未得調和之方法則欲保甲之獨立遂不免儼有一小國王之狀態既與官吏有對待之形而衝突之點亦所時有小之激爲上控奔走京省而

無休大之釀起事端養成草澤伏莽之禍而人民之幸福卒無補於萬一推其弊之所至猶較腐敗保甲爲尤勝也準是而言保甲之獨立嘗與官吏爲衝突而地方自治之獨立則無是弊誠以地方自治雖云獨立然實存在於國家之下非對於國家有絕對獨立之團體也本此意義即不能不於國家一定範圍內受監督之責任然又不被其脅迫而復得自行其意思者則以有全體之機關以爲之維持也例如今日之辦地方自治自當以一縣爲單位而代國家行監督之權者自爲縣官究現在之機便言之自治機關若成立則縣官當爲督率然其威權亦不能濫用皆須由合縣之公會決之全體謂可則官亦可全體謂否則官亦否除違反國家之安寧受其監督外餘皆與通常人民建言無以異不過以位望之榮譽予彼耳其或有惡劣官吏擅作威福不顧人民之公意而自是則全體自有機關行之與否彼不能強或更威逼則以全體名義上訴政府而公意所在政府亦不能護被是彼之官位且不保或更欲尋仇執復於一二人然此爲全體組織則凡一邑人民皆其對敵執一不能執多不可若律以前此修怨於一二鄉紳之法其勢蓋有不能者矣蓋前此保甲之

組織僅有一團長當官吏之鋒其禍福悉彼一人攖其責而其附屬以和之者又無一定之限制故團體恆易渙散其得利也或能及於各個人之間而受害之時則惟玆一人負莫大之荼毒道德之士乃歎人心之不可恃遂決然而不言鄉里之憂患武斷之夫更承其乏以橫行於鄉閭而無忌不惟不造人民之福以與官吏爲爭攘且利用官吏之威權以遂其强梁之行爲其弊亂之所極乃愈增人民之痛苦而保甲之制亦遂成一最敗之惡法故現今各地或大紳有言整頓保甲者而各鄉人民咸皆觀望而不附其流蓋已知其決對無益於各個人惟能助長官吏之凶橫以淩制乎衆人也至於地方自治則有利於各個人自不待言即引而伸之對於地方官吏亦甚有利益也何則今日之地方官吏凡屬於所定管理土地之下者皆須其獨行經理而事務之紛繁且難治於已發現之事件若未來之政治雖有心焉亦莫能分力以治及其爲私囊不顧公益者不必言苟稍存天理者未有不引爲自咎者今地方能組織機關代理執行則公共之幸福自得而地方官且不勞而理是不徒人民之大幸當亦地方官之大幸也要之保甲之制辦理而善亦有弊端辦理不善其

害更不可言故今日之言地方自治即不可仍用保甲之制必須確定其組織完全獨立以自由行使其意思爲人民謀至大之幸福不責成於個人須大衆以公任不與地方官爲反對亦不受地方官之脅迫惟以我公共之團體行我公共之利益如是方謂地方自治若夫敷衍其名猶仍前此保甲之舊制重標一名曰地方自治是無異現今政府以資政院爲議會之根基各省地方以書院爲學堂之變相祗須懸一招牌亦不問內容之所在且自矜爲能辦新政本此主義以應用於地方自治之上則吾固主張亟行者然若果如此吾今可取消前說願大衆勿言地方自治仍言保甲可也夫吾國之改革

政治言之者已數十年於茲矣今日注重乎此明日注重乎彼其名目規定皆仿法乎東西而其中實所存份循數百年之舊法而不異勿怪乎朝野紛紜而終無一事可謂告厥成功也嗟乎時至於今世界之風雲亟矣中國之危亡迫矣人民之生命殆矣不有良法何圖將來不先自興奚問國是今日已過又待明日今年已過後待明年遲之又久而一事無成或其自謂成者又皆法鶩虛名不崇實効弊之所至亦與不辦者者爲比律吾恐亡國亡種之時雖欲如此因循而不得雖欲如此虛僞而不可也有心世事者尙其加意於斯哉

地方自治爲根本的改革近日各省實鮮注意故此一篇專爲鼓吹亟行而發法理學說亦尟稱道至其組織方法予擬著『地方自治辦法圖說』一篇次第續出以供採擇凡我同胞其深注意

著者志

政黨政治及於中國之影響

病己

十九二十世紀之交。政治問題與經濟問題相嬗時代也。伴于政治問題而生者爲民權主義。伴于經濟問題而生者爲帝國主義。前者爲人民與政府之競爭。其範圍僅及於國內。後者爲甲國與乙國之衝突。其影響乃牽及於全球。雖然。天下未有內力未豊而可以從事於外競者。惟其然也。故今欲論列宇內列邦之强弱者。必視其國民權問題解決之先後以爲程。如英美法德諸邦。其最先解決者也。故最先强。日本亦能即十九世紀中而解決之者也。則亦强。高麗波蘭土耳其諸國。不能解決此問題。或欲解決之而終濡滯不進焉。則仆亡辱弱也立見。俄羅斯背負冰洋。橫跨歐亞。亦以民氣不張。而敗衄爲天下僇笑矣。中國輿版修廣與俄同。政府專橫壓制與俄同。而人民智識之未瀹。團體之不固。視俄且倍蓰不相若。故列强之挾其帝國主義以相淩也。如臨巨石於壘卵之上。有犇潰焉而已。故屬地之被人割取者數四。口岸之被人開放者數十。各種利權之被人攘奪者數百。而國民生命財產每年之被人踐蹂攫取者復罄竹而不可勝書也今四國交侵萬方塗炭百孔千瘡幾有不可爬梳之勢物窮必返而吾國一般人士之政治思想亦于是而萌芽頃年以來此主義所潤漑浸淫者幾及于負牀之童豎朝野所張皇耳目所聞見幾無一不與政治相關斯誠吾國有史以來蛻故鼎新之大界也

溯自十九世紀中葉以還歐陸人民憔悴呻吟于虐政之下宿儒碩學哀閔時艱相與激蕩平民闡揚名理民思既瀹民困乃蘇而自繇平等之機乃爆然而震浩若江河之怒潮專制之坊莫之或禦卒之公理燿而暴威熸政權乃下界于國民之手軍國財賦以暨政令頒施必先諮謀于民衆而民意所由表示則以國會爲機關然萃多士于一堂因于智術之不齊則議論擘討之方必不能歸于一致于是乎意見岐而同異見政黨遂得因勢而生起其間黨勢盛者其議行羽翼孤者其議格甲仆乙代迭執大政各國罔不同然故國會政治者質而言之則政黨政治而已今欲研求法治國之眞相則政黨政治之由來及其況狀不可不明茲請于下方略述之。

夫論政黨政治之由來則不可不求其本原於英吉利蓋英爲立憲政體之母國而

垂其規模于大地者也。於十七世紀查爾斯一世之時。所謂騎士黨及圓顱黨者興起。前者爲君主黨。後者爲議會黨。自同世紀之後期。「脫利」及「何易古」突起。脫利黨則尊君權而輕議會。何易古則重議會而忽君權。至一千六百八十八年之革命雖專屬于何易古之功。而實則成于兩黨協同之力。迨至十八世紀佛蘭西革命之秋。兩黨唯以爭奪政權爲務。其主義殆存于若無若有之間。不過在野在朝互緣政權爲起伏而已。至十九世紀之初。保守自由二黨之名乃立。蓋由于一八三二年之改革案。脫利黨全體反對。何易古黨則絕對贊成。于同四十六年自由貿易案通過之時。兩黨益形決裂。反對者仍歸脫利。自由黨猶自贊成。嗣後自由黨遂廢去何易古之名而不用。漸次擴張選舉權。且實行改革地方政治及其他進步之政策。輓近以來。二黨之位置面目。幾乎全行更變。頗有主客易位名實相反之觀。蓋所謂保守黨者。對於本國與殖民地之關係。甚嫌其濶略。欲更上一層。俾其組織益趨于周固。而自由黨則主張如前此之僅能保守自由的關係而止。不欲多所更張。斯亦積勢所趨之不能逆料者也。

美國政黨之萌蘖。實緣於離英獨立之時。當時一部之人民。力主脫英之羈絆。而他之一部。仍表忠意于宗邦。意志不齊。于是厮而爲二。迨義師既捷。奠定新邦。斯二派者。遂開美利堅政黨先河。相繼而執政權之牛耳。故一部則欲中央政府集强大之權。一部則主張各州之自治。固執前主義者。爲當時建國大政治家中之哈彌兒敦。而力爭之者。則國務大臣傑佛阿遜也。旗鼓分明。不可復合。當華盛頓爲大統領時。哈氏持中央集權之說甚力。華盛頓陰實助之。傑氏憤甚。遂率其黨人退出內閣。而專從事于地方分權之鼓吹。而兩黨之主義。遂益劃然分明。不可復合矣。屬于哈氏者曰肥底拉利士黨。雖中偶消滅。後何易古黨起而代表其主義。至奴隸問題勃興。遂聯合反對奴隸制度之諸黨。而種爲勒巴蒲力鏗。相繼迄今而不替。傑氏所率者曰、非肥底拉利士黨。即今之得木克拉黨是也。

默察美國二大政黨之由來。若律以保守進步之名義。殆難相肖。强欲名之。則當獨立問題發生之時。主張獨立者爲進步。欲與母國維持關係者爲保守。當組織中央政府之時。欲使其權力强大者爲進步。反之而主張各州自治獨立者爲保守。就奴隸問題論之則持奴隸全廢論者爲進步反是則爲保守雖然自南北戰爭以後奴隸廢止主義之勒黨主張保護貿易政策而得黨亦非悉主自由貿易者故二黨之政綱亦有時未能十分明碻而國民對此二黨之感情亦各隨時爲向背唯是彼二黨時立國中甲盛乙衰互相節制以調劑而消息之者固未得于鹵莽間而斷定其得失也近人有言美國建國以來之歷史可中分之其上半期爲地方分治黨得意時代其下半期爲中央集權黨得意時代故至林肯以後所爭者非復國權省權之問題乃自由關稅與保護關稅問題及用金用銀問題侵略主義與平和主義問題也斯言信然

於歐洲大陸其政黨形勢與英美全異其撰蓋無所謂二大政黨者此通於佛獨伊大利而皆然也試觀佛國一九〇二年總撰舉時之黨別則(一)政府共和黨一一一(二)進步共和黨九九(三)急進黨一二九(四)社會的急進黨九〇(五)國民黨五九(六)保守黨五〇(七)社會黨四九名也國民派及保守派爲昔時之王黨政府共和黨者爲政府之中堅而其他則各依于其程度方針而爲急進黨及社會黨也是蓋原于一

黨之力維持內閣勢有不能。故不得不爲聯絡互依之舉。然各政黨之聯合。主於利益交換。而變動之來亦渺不可測。故內閣之基礎仍不免有薄弱之虞。但佛國內閣。於議會不甚重要之問題。雖遭失敗而辭職。或接下院之詰問亦有解任之習慣。且連帶責任制不立。現內閣員尙可列入次回之內閣。故閣員之間。意志亦難一致。獨意二國。小黨分立之勢與佛國同。唯獨逸無責任內閣制。故小黨分立之弊。尙不至若佛之甚耳。

如上所述。則凡爲法治之國。必有政黨分峙于國中而莫可或避。故或有謂政黨爲憲法政治之產兒者。味其言殆非誣也。是蓋由于立憲之國家必有議會。而加入議會之議員。其多數則由於國民中所公選者。而此被選之士。其智量亦必較異於常人。而憲政之要端。凡法律豫算以及租稅軍事外交諸要政。則非經議會議決不能定。而非得多數議員同意則尤不能決。斯乃各國之所同者。故欲應議員之選則不得不乞多數選舉者之同情。而欲議決一問題。尤不能不求多數議員之同意。斯又出于情勢之不容或已者也。故當此之際。人苟不顧公誼。而故欲立異以爲名高。則亦已耳否則必宜舍小異而趨大同棄私衷而從公議如是則希望所歸目的所向皆不期而趨於一致可斷言也且國之大經不外數事非圖進取即務更張而此所謂議員者其政見眼光相去亦當非遠同聲相應結合感召實出于固然之機即有旨趣偶歧亦不過二三或五六而止斯實政黨發生之所由來也

雖然政黨之結合與普通結社實有未可一槩而相量者蓋普通結社其目的簡單而易達政黨之希望則層出而不窮蓋前者之性質屬於一時的而後者之性質屬于永久的也前者則目的既達別無所求故其目的即以其達到之時而歸于消滅至政黨則不然既達前之目的而後之目的即乘之而進相繼相嬗永永無涯蓋世界之進化無窮則人民之希望不息政黨之立于此國家即代此一國人民而達其希望者也此其與普通結社不同之點也且所謂政黨之首領者尤必有兼人之略蓋其爲一黨之中堅而政略方針以及黨人之能力精神胥視之爲斗杓故萬山磅礴必有主峯龍袞九章但挈一領倘操持未善則黨勢將有崩柝之虞如泛舟于注助洋而磁針忽失其漂流將不知所屆矣雖然黨首固重要矣而黨員誠亦未可忽

視、也如黨員未能握要則其對于黨首之關係處置必疏弱而不能與以相當之援極其流弊不僅備位貽譏而已其必將出于黨魁專擅與黨員瓦解二途可豫決也

今夫政府之施設必須恒以國民多數之幸福爲前提然既有所措置則亦必有所犧牲而社會諸分子中有接受其影響者憤其將不利于己也則起而謀阻抗之是亦情勢之常夫既有反對者矣則亦必有深以政府之施設爲有利者於是互相結託以爲抵制反對者之舉以扶助政府使得達其所執之方針故一憲政之下必有其與政府相親又必有其與政府相抗者勢也雖然、茲不足爲憲政病苟一思其故即可恍然而無所于疑且彼此之間以觀摩而益善以比較而愈良往往收似反而實成之效斯又左證昭昭者也故政黨一興一廢之間其消息之及於國民者絕大

雖然、其眞正目的之所存則尤不可不察今請就菊地氏所論。刺括其惜而分述之世人輒以政黨。爲出於避政府議會衝突之手段。因以得舉美滿活潑政治之實。爲其唯一之目的。譬之於英。黨派之占多數于議會者。君主得自其中選任國務大臣。

使當輔弼之任。以定大勢之所嚮。故政府議會之間。意見苟不相入衝突必緣而起。政府則見機解散議會以行其志。惟議會解散之後。改選出之政府黨。仍不能及反對者之多。斯時則內閣可辭職。而使占多數於議會者進當國政。此英國從來之慣例也。又若上下議院不合時。可由下議院多數黨選任之國務大臣奏請更任貴族以爲調和兩院之計。試徵諸英國政治史之沿革。可以知其然矣。由斯觀之。於英國縱令政府議會之間偶異政見。用生衝突。上下議員不能統一。其現象不過一時決不至曠日彌久。學者動執此論。以爲憲法政治。乃藉政黨之力以謀議會政府之調和爲唯一之目的。竊嘗思之。夫豈其然。夫憲法所規定者固有種種機關而當其實行一定政事之際。必不可不得議會之同意。憲法明文所以如是規定者。其旨趣蓋以僅使一機關參與政務則遇事輕率不無失策之可虞。夫一部專司政務固有百政敏活之利。然得賢宰相以全輔弼君主之任。事所不可常期。僥倖於萬一何如逆計其必然。故一機關之外。更設他種機關。以收相得益彰之效。非無故也。且不僅歐洲諸國然也。即日本政府裁判所之外亦有議會之設。其意實同。然必如英國政黨之實際凡百政務一取決于下議院之多數黨則多數專制之害亦自無窮徵之過去歷史有彰然不可掩者此三權分立論所以倡導有人者其原因蓋在乎此從來法蘭西所主張之三權分立論在認三種之獨立權力欲舉統治權而三分之於法理上雖有所未安而於政治之精神則最得肯綮也故其勢力能蔓衍於各國憲法及其他制度之上而未有艾曠觀列國如設立機關使參與政務如司法機關之獨立以碻保各人之生命財產或如行政訴訟制度如地方制度皆無不歸宿于三權分立論者之旨趣是誠可謂現今施行制度一進步之趨勢也

從來議會關于行政之權限雖惟得議定歲計豫算或上奏建議而已然自政治上觀察之則立乎行政之外以監督行政者是學者之所同認也例如一會社中有取締役有監查役而監查之役實無異于監查此取締者也若二役歸于一人或共其意見則亦何貴乎多此一舉以其所司者異故其職亦不得不分也故若必俟占多數於議會之政黨選任國務大臣則政府之意見即議會之意見也而憲法所以設置議會之趣旨安得達哉於是議會不得全其監督行政上之任務又理之易睹者

也原夫憲法之所以設各種機關者蓋欲使之關乎國政審議討論愼重出之無偏聽失策之憂故各種機關意見有所異同因而不免於衝突者亦憲法之所恒有也由斯以觀以政黨爲出於調和各機關之衝突者誠誤論也

或以爲政黨之目的則欲實行其所表識之主義政見也其意殆謂政見者自實際問題而發生故政黨不能與實際問題離乃以實利爲基礎若社會黨職工黨農民黨等就經濟上社會上各種之問題以實行其所守主義而實利不可不興也云云

夫觀過去之政黨曰權利曰自由惟注重於形式上之事而不以經濟上之實利實益爲其目的也久矣故論者主張今後之政黨與前此之政黨異其目的因不得不顚倒其位置是較諸爭權時代之政治思想可謂有進步矣雖然吾人猶有慮焉若此見解竟得實行則議會又將一變而爲社會各階級角逐之地而爲政黨者代表職工農民商人等各種階級之利益以務爲一已所屬之階級利益計而國家公益遂委而去之不復有所顧惜庸有當哉所以吾人視此見解爲聯勝于以爭奪政權爲目的之說而仍不取之者職是故也

或又以爲政黨之目的。在以黨議束縛黨員之言論。因以謀輿論之統一者。雖然、以吾人所見。是說實與憲法及地方制度等制法之精神顯相刺謬也。何以言之。制法之精神在議員一己之意見議員自定之。是議員之自由也。誰得攫諸其懷而取之是即其他公職亦罔不然。故夫議員之合議也。固必任其獨立之判斷以考察國家公益之所存而爲取舍。乃不待議決束縛議員之意見強爲一之。其如憲法何。其如法律何。夫議員在院內所發之言論。於院外不負責任。憲法所明認也。凡爲結社不得設使議員於院外自責之規定。則治安警察法之所定也。又如議員不可受選舉人委囑者。則今日各國法律所公認也。要之是等制法之精神。胥不外欲使議員得自由發言投票。無物足以芥蔕之。今乃欲以黨派偏駁之議爲拘束議員之地。不待智者已知其不可也。即如日本。君主依憲法所定選任國務大臣。而爲大臣者。當就職奉公之際。固未可因一己所屬之黨議而受其束縛也。且委身公務者。欲強以黨議奪發言之自由而曲其意志。抑亦無理之尤者也。不觀夫英國乎。常以是而爲黨派分裂之原因。愛爾蘭之自治案出而自由黨分。防穀令廢止之議興而保守黨破其例之著者也又嘗見政黨之實際就問題之小者黨員雖嘗得一致而一旦有大問題發生欲仍糾合黨員之意見而使服于一黨議者蓋亦難矣故苟執此見非但爲黨員自由發言之蠹且背夫法律精神而無少補於政黨將安取哉

就菊池氏所論則政黨之目的非謀諸種機關之一致也非爭實利實益之問題於議會也非束縛當事之意見而强一政論也然則政黨之目的果將安屬則菊池氏復斷之曰政黨身在草茅從事公務者保其規律全其秩序而已雖然此實巨謬之言也何則保規律全秩序云者乃凡從事于公務者所當履行之條件匪特政黨而已即如所云則保規律全秩序云者不過政黨之品行而非其目的可斷言也如以保規律全秩序爲目的也則是聚唯諾容悅之徒于議會旅進旅退不爲詭言異行其目的亦已達矣且如氏所論每偏重君主而蔑視議會其意固別有所在要之其必非世界學者之公言蓋可知也且世界大勢所趨專歸宿于經濟而經濟問題之根本固莫如農工商矣實利實益問題正今玆各國政黨之所絞腦漿瀝心血而欲解決之者即日本亦何莫不然耶即如最近之內閣瓦解亦曷莫非實利實益問題

爲之因氏乃鄙言實利者謂非政黨之目的何其誣耶且統一輿論尤爲政黨唯一之要件蓋政黨者必抱有一定之政見使黨內之議論不齊則政見烏由而達且所謂統一者非由威力脅迫而成實由聲氣感召而合束縛之誚何無因也故吾人之所主張則以爲政黨者其目的在于結合全國賢潔弘毅之士而能實行其利國惠民之政見且應時而易其方針者也

所謂結合全國賢潔剛毅之士者何也蓋國也者集民而成而政治者又國民所託以爲命者也使政治而良也則國民之生命財產有磐石之安而舉國融融和親康樂焉使政治而惡也則國民之生命財產有淪亡之恐而上下蹙蹙流離憔悴焉一榮一悴之間其影響於國民者至鉅雖然政治者死物也其能禍福人國非存于自力實存於他力他力者何即此政治所從出之機關是也機關良者其政治斷無由即于惡機關惡者其政治亦莫可即于良此一定之公例而無可移易者雖然鼎立權立法綦重而此非常之業非夫數人之力所克程功而必須全國之民參與其間始爲有効雖然國民衆矣欲萃之一庭而諮議之於情於勢兩不可能故代議選舉

之制與焉蓋代議選舉者實國會政治不得已之制度雖無絕對之美而近世所謂立憲國者殆無能越乎此制之外者也雖然既謂之公選矣則被選者必爲其一方之材者固人人意中所云云然而智慧難齊昏亂黑白棄周鼎而寶康瓠者懼亦繁夥幸而所選之人賢正居其泰平猶無大患否則鴟梟翺翔苞苴載塗其危險將不堪設想而影響之及於國民道德者尤鉅或遭際艱阻定力難持則瓦解土崩崇朝不竢斯胥足以搖動國家之根本而爲政治之蟊賊也政黨若此不如其無語曰有關雎麟趾之心而後可舉周官王政之實故苟非其人道不虛行巴爾格亦曰聚羣惡不能使之爲善斯誠組織政黨之箴石也所謂政黨之目的在先結合全國賢潔弘毅之士者此也

雖然政黨者不僅參與立法而已而行政之方針亦實賴之而定此各國所以有政黨內閣之制也然無論何國其國內必不僅一黨則可以斷言例如一貿易政策也則必生出自由貿易派與保護貿易派一選舉政策也則必生出普通選舉派與限制選舉派一工業政策也則必生出社會主義非社會主義二派一外交政策也則

必生出強硬溫和二派一國權問題也則必生出集權分權二派此皆自然之數無可強者雖然無論其所執之主義若何其必以多數國民之利益爲前提蓋可知也若其主張之政見不能以多數國民之利益爲前提或以多數國民之利益爲前提而不能以實力貫徹之則其政見亦等于消滅而無絫黍價值之可言其所組織之內閣亦必于指顧之間而瀕於解散此能實行利民惠國之政黨所以可貴也

夫一政黨必有其所挾持之目的固也然其方針則不妨隨時而變此非模棱兩可之言也特以世界者活動者也必非膠柱刻舟之徒所能奏効夏葛冬裘著必以時脫違其宜反致菑戾不可不察者也喻如自楚之燕者曩於鐵道未通以前例必東出長江遵海而北今則蘆漢交通三日可達于役都門勢必由此然黃河大決衝坍橋梁或淫雨連綿中道多阻非涉旬月修復難期則行旅卒卒其必買舟北上也理宜然矣故之燕者其目的之所存也而遵海遵陸之方針則應于時勢而變期能早達目的而已況夫政治問題日新時異差以毫釐謬以千里其紛綸幼化有非常智所能逆度者且更非行旅舟車之有常軌可則者之所可比儗其伯一者耶昔格

蘭斯敦之治英也若是其成効大驗昭然可睹如合衆國相傳之門羅主義至麥堅尼之時已不復能循守此實鑑于世界之趨勢而莫可如何者非挾黨見而然也(門羅爲得木克拉黨麥氏則勒巴蒲力鏗黨也)今雖以布耶安爲總統(此次得黨所選之候補大統領)其不能復履門羅之政策也三尺之童智猶能矚矣雖然此決非弋名騖利之徒首鼠兩端之輩所得假此言以因緣而爲利者也嗚呼今之內叢汗垢外託堅貞者滔滔皆是也吾又烏自鏡其肝鬲也哉

如上所述則政黨之大恉及其于國家政治上之位置已可得而明雖然其及於吾國之影響今果何如乎

吾國頃年以來立憲立憲之聲洋洋盈耳迹其原始實由列强之帝國主義脅之不得不然今外交危機日迫一日故國民望治之心亦有瞬息千里之勢而要求國會與夫組織政黨者且復日有所聞謂非吾國年來之一大動機不可也雖然其性質若何其實力若何有爲吾人所不可不研究者

蓋吾國邇年以來政府之惡德日著國民之困狀日昭列强之偪處也亦日甚於是

愛國之士遂相聚而研究其眞相外探歐美之潮流內審國家之狀況校其同異強弱之蹟乃瞭然於吾國吾民所以致今日之破碎迍邅顚連無告者實此惡劣政府有以致之以此原因故改革之風潮日喧囂於內外然以主義有急進漸進之不同故愛國青年復厮爲二派分道揚鑣不能强合急進者則以中國先聖明王所留詔暨歐美碩儒所討論之學說爲其根據以爲種族不同良善之治無由附麗且滿漢之位置岐異憲法立而吾人當永處於被征服者之地位則亡國之垢歷刼難磨故今欲施最良之法制以拯吾民有非革去今日惡劣政府不可者且所謂排滿者非胥滿人而排之也不過欲復吾人固有之國權而已國權既復新政既立滿漢二族仍可耦處無猜同立於平等國權之下此急進派之說也漸進者反是以爲吾國今日處于世界之位置革命最爲不適匪特難成反足召亂況種族問題可附屬政治問題而解決且君主無責不關輕重區區之事無足措心此主漸進者之說也是二派者一主學理一據時勢以今日之情狀相較則內地國民心理之所嚮似偏重于漸進者之一端此日來各省國會請願之聲所以不絕于耳也雖然其所挾持之目

的果能全達與否是爲第一重要之問題其所組織之政黨是否全國第一流人物皆爲所網羅是爲第二重要之問題政府對于漸進者與急進者其眞實內容之手段爲同爲異是爲第三重要之問題又主張漸進者目的既達之後而急進派遂致全歸於消滅與否抑有他種新變象乎是爲第四重要之問題又吾國今後于急進緩進者之外是否別有他種黨派發生是爲第五重要之問題總此五端胥爲吾人今日所不可不亟爲研究者此僕竊願與吾同胞共相商榷解決者也

（未完）

二十世紀之黃河（續第二期）

悲谷

十六拒絕外人要求　近聞白耳義要求黃河運權。由山西蒲州以北通行輪船約二十四時間之久。倏聞之不勝驚駭。謹告外交諸公此權如未許之耶。切不可輕以許之如已許之耶。倘望竭力生法挽回絕不可使彼開運蓋黃河數千里皆甚費工。惟此段兩岸山巔對峙。開通省力而復將此利讓於外人則吾黃河爲中國害。將永爲中國害矣。雖目下軍事學務外交諸要政。正自待舉。固不暇計及黃河然亦不可輕易棄之。況任何要政。其舉也均必須鉅欵黃河雖亦須欵成功後即可獲鉅利。是黃河一通則郵傳部從此添一公案即度支部亦從此添一公案孔子富而後敎執政者當知所先後矣。

十七開工　開工之始。宜先由下流海口近處。（第十三欵言着手辦法。蓋自滎澤以下。兩岸皆平地。故堤岸必自滎澤起。至海口止。此言實行開工辦法。故必自下而上。以勢順利。）測定一段。距海口三十里。或五十里。紮工。兩岸設

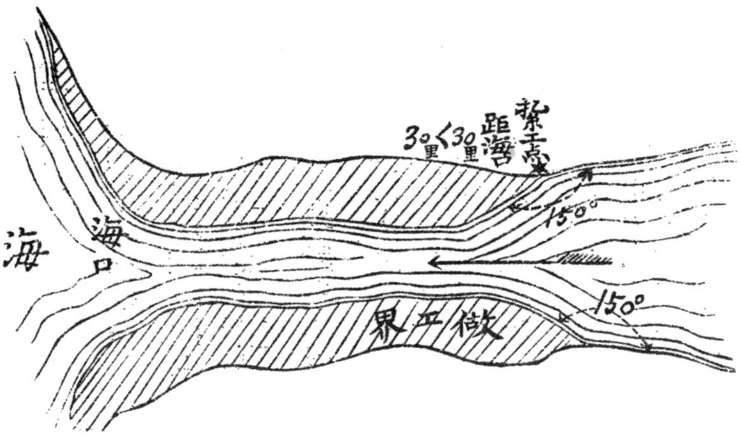

法截水勿過陡使成百五十度角。(如上圖)漸漸由上而下。建壩築堤。又必詳細測定水量。以伏秋正盛時爲度。同時用挖泥機械船耙使深其底。壩堤根基盤定後。約高於水面。即可用河底兜出之泥。以起重機運於兩岸上。和土以增培堤身。一段成後。即一面通輪。一面再由上游測一段如法修之。又各國法律。凡犯罪之人。皆按其罪之輕重。使作苦工。中國正當法律改良時。即使犯罪之人。按其罪之輕重。使作黃河工。此亦節欵之一法也。

十八 運權　輪船通行之後。必嚴訂約章。絕不許外國軍艦輪船任意出入。以重國防。以保利權。凡商船進口。必須納通行稅。各停泊渡口。皆設關卡。貨物出入。均必納稅。以補黃河需費。不然。如揚子江毫無把握。各國汽船任意駛航。則每年利益外溢。不知幾何萬萬也。豈可蹈其覆轍哉。

十九兩岸工場建置　凡製革、造紙、織紡絲絨棉布、製紛（即磨麵）諸工事。需水甚夥。且必運輸靈通。出入輕便。故皆宜建諸河濱。河南土產。如牛皮及雜牲皮。所出甚盛。則製革工場宜立也。又麥杆稻草諸原料最多。則造紙工場宜立也。又絲棉羊毛所出極衆。則織紡工場宜立也。其他如紅花子、芝蔴、落花生、由菜子、等。又河南之特產。則搾油工廠宜立也。大河兩岸。遠近數百里。食麵粉家十居八九。況水磨則中國舊法也。擴充之可也。

二十水力機械之附設　日本大阪市西區神戶實三郎者。數年來苦心結果。成一神戶式、輕便水力發電船。亦既獲實用特許新案。其構造法。普通船體長十五間。（每間六尺）寬一間半。直徑十五尺。寬四尺之水力車。四個一組。自水面吃三尺以上之水。各備於兩側。其運轉借水流之力。水車之力。裝置於船內。以導發電機。任意繫留。各隨所用。電力容易供給各種工業需用。固不待言。將來電燈電車且必多受其影響此船不日竣工將於淀川上流實地試驗論世者則以謂現今機械世界也然運動機械者火力也則煤炭盛行焉而地之所藏日掘月採終必有盡之之日於是煤炭不給則繼以薪再不足則不得不思變計而借力於天然之水也黃河天然水之大者也即用神戶式水力發電船以供兩岸工塲用甚爲便宜然而尚未見實施不敢即據以爲的徒恃此而不他求是以必竭力研究水力機械之所以裝置法以變通而用之日本工學士關盛治者深於水力機械者也謹就其所言者譯述其大要於下以備我黃河採擇施行〔按本文宜參照不烈恩氏之水力機械學尹斯氏之喞筒與臥輪水車等書更爲一目了然〕

附水力機械學

一、保一定水頭、依自己壓力、生出之運動情狀　如第一圖以水槽傍置一嘴以A代之而注水於槽內自嘴之先端至槽內之水面有H尺之高度槽內所儲之水自嘴內流出同時用他機起水以補槽內之水使常有一定之高度則

第六期

第一圖

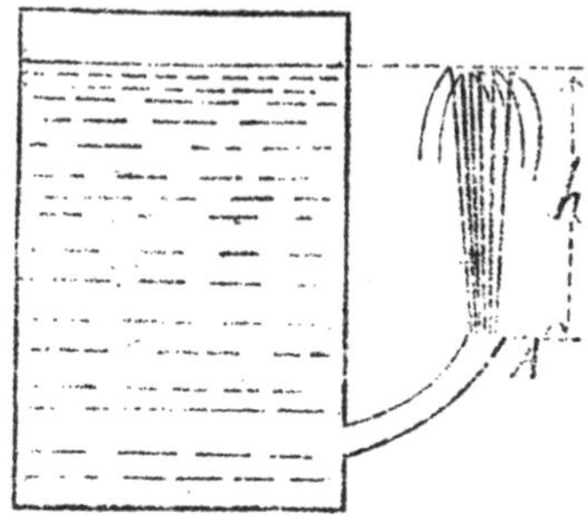

槽內之水因自己之重量所起之壓力由嘴直衝流而出其時之速度正與物體h由尺高處落下情形相同如下之方程式

$$U=\sqrt{2gh}=\sqrt{2\times32\times h}=8\sqrt{h}$$

式中U者以表水之速度也其單位如一秒時間若干尺g者依地球之引力所起之加速度也即每秒時間約增加三十二尺之速度此式極爲簡單爲初入手易於解釋故一切摩擦阻滯之事皆省略之且水之各分子例如皆由同一方向平行流出也

今就水流出之重量以W斤計之其所欲成之工程則wh斤也假使水之運動不生抵抗而U速度流出時所生之活勢即$\frac{Wh^2}{29}$斤也〔注意注勢者即物體之質量其速度自乘之半分是也〕然因$U=8\sqrt{h}$故以之變上式則成$\frac{We^2}{29}=h$此即不生抵抗時其活勢與工程互相等是也

第一圖之嘴內水流狀態已顯然易見今將其水管放大如第二圖水之各分

第二圖

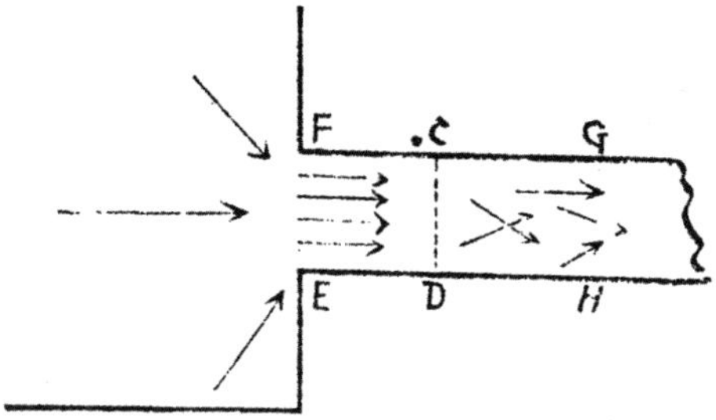

子常沿水管之周壁、平行流動。則水過C之切口時、其水之量每秒必有AU立方尺也。(因CD之切口有A平方尺之面積)然實在情狀嘴之入口EF處。水之各分子。皆欲爭先流出。故其方向即漸錯亂。分子即各起左右撞擊運動。如GH處所示之形狀。是以一過CD時。不但水之速度減殺。而各分子間。互相摩擦擊撞。則抵抗之事起。各分子浪費其力。故流出時之速度亦必減殺。此自然之勢也。所以非如前所示。以某係數與U相乘。必不能得實量之速度也。 係數用CU之文字代之。又以所流出之速度噴出時。即此孔之形狀觀之。其變態如第三圖所示。譬作一薄刄之孔。其情狀易見。孔之近處水之各分子左右上下。四面八方。皆欲爭先流出。其勢急欲外噴。所以體積之潤度頓爲減縮。水流出之橫斷面積。較孔之面積必少細。爲此亦如速度之情狀。非以某係數與U相乘不可之一又證也。此以係數代用Cc文字總括以上之說明觀之。

第三圖

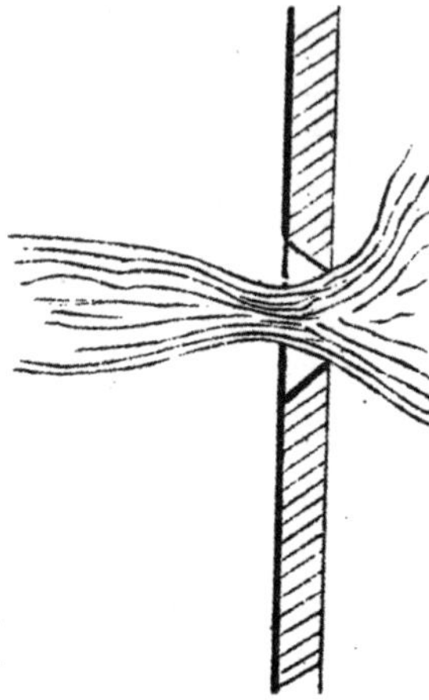

其實一秒時間流出之水量。如以Q立方尺計之。如下式　$Q=Ce\times CcA=CeCcA\sqrt{2gh}=8CAh$　C者、Cc與Cc相乘之積。所謂水流出之係數是也。因實驗所得C與Cu之值則如次。

$Cu=.97$　此如第三圖所示。流水口之邊緣如薄刄之情形。

$Ce=.6$乃至.63　此長方孔之情形。

$Ce=.64$　此圓孔之情形。

$C=.6$　此四角孔、削邊緣爲薄刄之情形。

$C=.582$　此長方孔、削邊緣爲薄刄之情形。

$C=168$乃至.62　此圖孔、削邊緣爲薄刄之情形。

此等實驗極多。僅擇其易曉者表示之。乃知流水口其孔之周緣。凡削如薄刄者。水流之潤度較爲減縮。則Cc亦因之而小也。　又依第四圖所示嘴之製造

第四圖

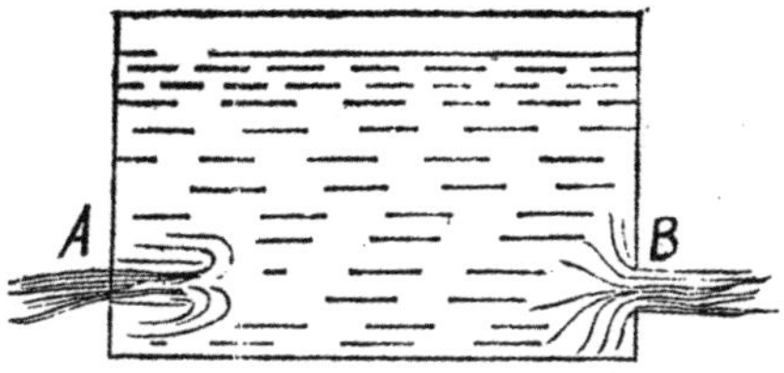

法。其流出之水量又大為變相。如於B處流出係數C。.815是已。此時Cc之值將近整數一。而A則嘴在水槽內。與B全相反。對是以Cc恰如.815－.5。即水流之濶度。當B之半分要之。無論如何情形。水噴出時之濶度。與流出口各分子突進時之角度。有平均之關係。一見即可了然也。　假使水由橫斷積A。或較A之橫斷面積尤小。如向a口流動之情形。依蘭金氏之說。係數Cc其式如

$$Cc=\frac{1}{\sqrt{2.618-1.618\frac{a^2}{A^2}}}$$

此式中以A為無限大之情形觀之。即水由水槽直向a孔流出之情形相等。如上式.618是也。以上說明之外。對於流水尤當注意者。抗抵力也。是以因水流動間觀其速度大小。其本體所俱之力及消失之量可知。其消失之量。即以其速度自乘而比例之。　今有W斤重量之水。以流動時U之速度計之。則其所消失之力量。$W\frac{U^2}{2g}\times F$此式中$\left(\frac{W}{g}\right)$者。W斤水之質量。故$\frac{U^2}{2g}$者。則W斤水所有之活勢也。因其活勢有幾分消失。故必與某係數F

相乘。其所表之實量始得。　今就W斤之水而論。由h尺高處落下時。其功用應得之量。即wh斤。若僅一斤之水。其功應得之量。h斤是也。然後知一斤之水。有h尺高度時。即俱h斤之伏勢。其落下時。即變態而有同量之活勢焉。其落下之際。既如前所言因種種抵抗以殺其力。就其力所消失以表其水頭量。如下式。

$F\frac{U^2}{2g}=h'$。即h'者。將摩擦及其他諸種抵抗皆打過之因落下時、所費之水頭之一部是已。如前所言以U爲水由槽內流出之速度。以水頭爲h尺計之。即得

$V=\sqrt{2gh}$ 之式。將一斤之水所有之活勢以水頭之量表之。始如下式。$\frac{U}{2g}=\frac{(CuV)^2}{2g}=\frac{Cu^2V^2}{2g}=Cu^2h$。又 $h=\frac{U^2}{2gCn^2}$。　此活勢以h尺之水頭所俱之水。將種種抵抗打過因而流動之時。則成 $(h-h'=\frac{U^2}{2g})$ 與前式相連結其結果遂成。$\frac{U^2}{2gCc^2}-F\frac{U^2}{2g}=\frac{U^2}{2g}$。　∴　$F=(\frac{1}{Cu^2}-1)$。

二、流水之測定。　欲借水力以運轉機械。第一必先測定水流之力如何。是以一分間或一秒間。所流之水量及其落下之高度。即因水頭而定。　測高度者。

則以水準器測定之。而測流水之量者。水量微小時。依前章水槽上造一嘴同一方法。以測定之。水量衆多時。則必於板上穿一圓孔。由其孔流出之水量測定之。一般最盛行極簡便之法。則於水之流口作爲直角。假如設一堰。其中央作一流口。由此口測其流出之量。其口之形。以四角或三角爲主。如第五、六、七、圖。普通用薄鐵板作堰。取其峻削。則水流出時不減縮其濶度。依之而得次之算式。

就長方形嵌造之欠邊量水板。則如 $Q=\frac{2}{3}Cbh\sqrt{2gh}=5.35Cbh\sqrt{h}$ 式中Q者。一秒間流出水量若干立方尺也。b者切口之幅也。h者由切口之底面至水面之高度也。皆以尺計之。C者即前章所述、流出係數是也。依實驗結果。則b如當堰之廣幅 $\frac{1}{4}$ 時。則 $C=.595$。又b如與堰相等。則 $C=.667$。又b幅若適當乎其間。則由 $C=57+\frac{b}{10B}$ 之式算出。而式中之B。即堰之幅也。又欠邊量水板上嵌造三角形。其水由切口流出之形。亦必沿其邊而成三角形也。即 $Q=\frac{8}{15}C\frac{bh}{2}\sqrt{2gh}$。又別法以h作高度計之。將尺垂直立於水底。徐徐

於水面運動量算盡其全部而止。然而水不斷有高低之變化。故非屢次盡其

第五圖

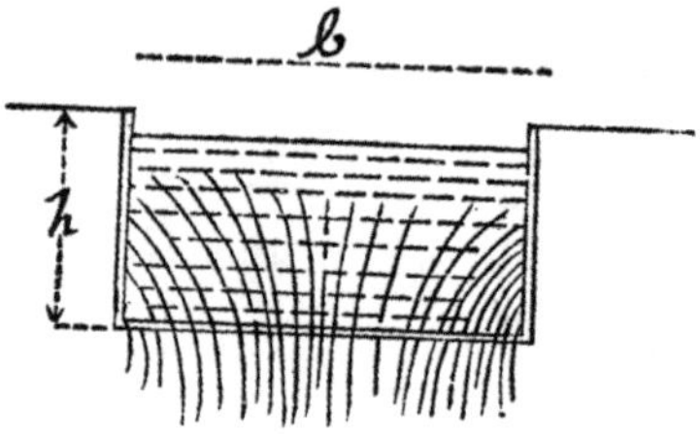

第六圖

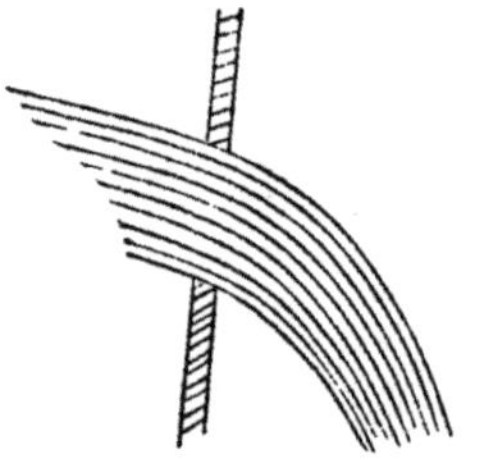

第七圖

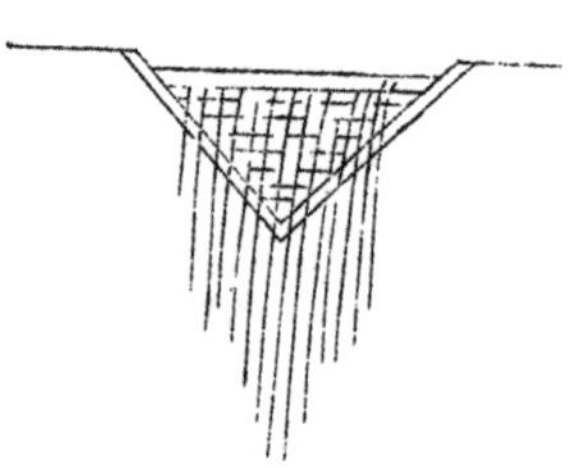

精密測量不可。若遇極大水流之時。則非前所述之輕便法所能測定也。必於其水流之橫斷面積。一段一段區分之。於各段小區分之速度測定。且平均其高度。則全體之流水量可知。即 $Q = A_1U_1 + A_2U_2 + \cdots\cdots$ 式中 A_1 A_2 等。即橫斷面中之一段小區分之面積也。而 U^1 U^2 等即其各區分之速度也。測流水之量。即取一橫斷面將其內之平均速度測定。再與其全橫斷面積相乘。此較為簡便。亦無甚大差。然此實非正確之法。雖簡便較亦可用。終不前所述之為精

細也。近來爲此問題。特造有測水機械。曰水速計。最爲利用

三、因水噴射所生之推進力　以盛水器之一部。穿一孔。使水由此孔噴射時。其流接續不斷之間。此盛水器與水流出之方向正相反對。而押退之力現焉。其力即因水之噴射所起之反動力也。如第八圖設一極簡單之裝置。而實驗得之。即用一盛水器。以糸吊而垂之。器之一部穿一細尖噴射口N。又別由水

第八圖

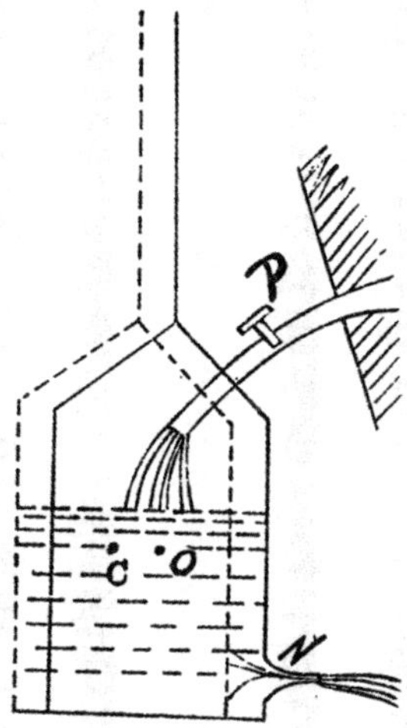

管P處。不絕將水供給於水槽內。先將噴射口閉之。定其重心點之位置。而後開其口。則水槽之水噴出時。恰如第八圖點線之位置。即水流出之方向。全與正反對之方向相推進。因之此時之重心點。不在先定之點。而必移於C點也。至於推進力之多寡。即如吊垂之糸由所結之支點。至重心點之長度。以U代之。以W代水槽與水之重量。以F作由噴口所起之反動力。（即噴射力。）則水槽被推進之情形。支點與O點C點三點相連結而

得一三角形由此三角形而引出次之關係。$\frac{F}{W}=\frac{oc}{e}$ 或 $F=W\times\frac{oc}{e}$ 槽中之水。保其不絕有同一之h高度以Q作一秒間每噴出之水量。(立方尺計之)以A平方尺計算噴射水之橫斷面積。則每秒由水槽噴射出之運動量$=Q\times\frac{62.4}{32.2}\times U$。（$Q\times\frac{62.4}{32.2}$）者質量也。此運動量每秒噴出時雖少有所失。同時與相等之反動力、給與水槽內即得推進力。

推進力 $F=\left\{\frac{62.4}{32.2}\times(A\times U)\right\}\times U=\frac{62.4}{32.2}\times AU^2$

$=\frac{62.4}{32.2}\times A\times(2gh)$

$=\frac{62.4}{32.2}\times A\times 2\times 32.2\times h$

$=2\times 62.4\times A\times h$

若將此水槽浮於水上。前後左右動轉自由。則水槽因水噴射而向後。每秒以A尺之速力動焉。其所成之工程。$F\times V$。而摩擦省略之。依噴射所得之馬力。

$HP=\frac{F\times V}{550}=.227\times A\times h\times V$

四反動水車、〔即柏哈氏之水車〕

柏哈氏之水車。如前章既說明。依噴射生

出之推進理由。則因之應用。此車所起之廻轉力。〔即推進力。〕與槽內水之高

第九圖

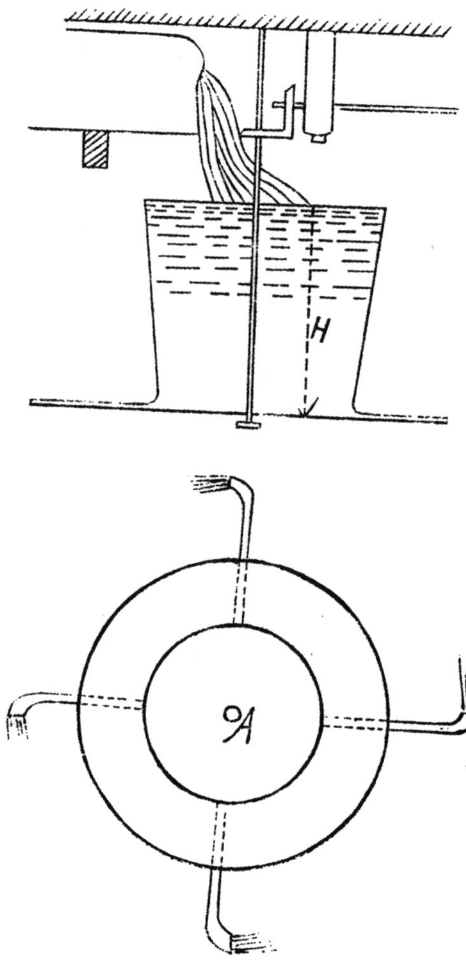

度相關係。如第九圖所示。此水車之立面及平面圖也。水槽之外。別有水管。以補槽內之水至其構造法極簡單。以B圓錐形之水槽。水由其底之四方之管。噴射而出。其噴口之尖。端曲而爲直角形勢。車與水噴射之方向。全相反對。因之而起反動廻轉。其軸安置於水槽之底。軸之上部。設以歪齒輪。從此而力傳

達於所要之機械處。噴射管之先端。因屈曲之故。而由水槽流出之水。急向所流之方向直行。忽逢屈曲、不能輒爲變轉。因之而水力或少有所消失。而此且將消失省略。以研究之噴射水之速度。假使不能令車廻轉。成靜止狀時、則如 $U=\sqrt{2gH}$ 之式。而一秒間流出之水量。則成 $Q=AU$ 之式。水之係數亦省略之也。已顯然矣。

（未完）

武道上篇

僕留學日本。從事陸軍。數年第就其形勢上留心。惟見其軍人溫和優厚。精神含而不露。固無疵可指。然亦未見其大異於人也。祇此即所謂制勝之軍耶。竊甚疑焉。於去年四月間得一日友名有馬都夫者。紹介而入振氣館。〔東京赤坂區冰天町〕武道之一派也。專習劍術柔術。講究修養。然後知日本武士派也。即哲學派也。僕教師隈元實道頗熱心誨提。僅就年來所聞所學者。編爲上下兩篇。上篇研究道理。練心之法。形而上者也。下篇實行演習。練體之法。形而下者也。雖不能盡得其奧蘊。然別有一般尚武氣概。亦足以稍補吾國民之精神焉。惟言語少有隔膜。文章即不能一律通順。故不免有參差錯綜之弊。然其意固未大拗也。閱者量焉。

第一章　入門概則

第一條　本館非軍人及軍人志望之學生。概不許介紹。

理由　物以羣分。人以類聚。而各成一種風習。惟集合純正人物。正其秩序。而養成一種優遠氣概。曠達習慣。峻嚴風規。爲吾門之目的。是以苟非志操確實之人物。敗吾風紀。門吾所不容納也。

第二條　學生有請願入本舘。必由舘友介紹。且須有先進二名。連署名捺印保結薦書。及本人學業履歷書。

理由　知人之難也。聖人猶以爲病。然觀其擧動。知其中心。查其履歷。其志行。鑑其既往。知其將來。問其交友。知其行爲。如是以覘其人。雖不中不遠矣。是以必要先進二名。連署名捺印保結薦擧證書。及學業履歷書。而尤注意在薦擧之人。因人以類聚。故善人則必交善友。觀其薦者則薦之者。可以知其大畧矣。

知人七則

一、問之以是非而觀其志
二、窮之以辭辨而觀其變
三、咨之以計謀而觀其識
四、告之以禍難而觀其勇
五、醉之以酒而觀其性
六、臨之以利而觀其廉
七、期之以事而觀其信

得許諸入門後。即推以至誠。喩以信愛。曰勿放言。莫空想。愼誇張。戒罵詈。以光明磊落爲主。而化其氣質。

第三條　本舘入門儀式。例納扇子一對。

理由　孔子云。自行束脩以上。吾未嘗無誨焉。蓋非重束脩也。重學者之誠意也。本舘入門惟納扇子一對。以表敬意。以作紀念。其他一切束脩謝儀物品贈答。一概謝絕。以銷賄風。以期心志之淸。以敦師弟之誼。且懇篤忠誠。敬愛所至。恰如父子之親。喜憂榮辱。相與共其生涯。師以生之上達爲名譽。生徒亦不忘郤師恩爲義節。武士淳厚之風。習餘澤猶有存焉。但師亦不以師道自居。不過一日之先進。以待靑年後進而已。此滿舘淳厚古風。充飽洋溢。竊足自爲欣榮焉。

第四條　本舘有染於他流。或有腋臭及煙癖。與夫品行不正。或與政黨有關係者。必拒絕之。但入門以後而染此病者。此門人資格已失。必中絕之。

理由　凡染於他流之靑年。概皆志操不純。輕佻浮華者流。孟子云。苟無恒心。放僻邪侈。無不爲已。夫文明風潮。愈流愈熾。至今日。此等惡劣性習。愈深固。愈墜緻。嗚呼。濁水蕩蕩。天蹴地卷。浸潤漸濕。其勢莫挽。遂使有爲之青顏俊秀。陷於汚泥之中。一切惡癖不正行爲。相趨惟恐不及。本館所以急欲矯正者也。是以斥輕佻。尙眞摯。黜浮華。貴質實。此當流特色也。至攀緣趨勢。暗昧躦營。慕君熱中。貪位幸進者。尤吾流視爲走狗狡兎。不容其人吾門者也。

第五條　本館有制定之練體柔術衣服。及四分一柄竹刀。宜各自備置。

理由　當流對此新式衣服。非徒齊一以壯觀瞻也。而證明志操確實。擔保熱心耐久者在此。夫劍術因器而生變化。柔術因服而異應用。此遵守先師規典。要滿館有一定服制之由也。或稱本館學生爲關羽者。蓋因有五關。必須打過。而始得爲本館學生。一、要有軍人志望。尙武氣概。二、要有純正友人爲之紹薦。三、不染他流及諸癖病。四、劍搏兩道兼修並練。五、本館制規遵守無懈。此五關也。突貫此五關。而始稱爲關羽。而始稱爲本館之學生。

第二章　館則

第一條　本館生徒。非着本館制定軍服洋服。不許臨場。

理由　武道塲者。吾人精神鍛練之地。所以必着制服以整肅其儀客以養成他日之軍人將校。及社會特立之偉傑。

第二條　本館生徒必將所用之竹刀隨身携帶。來時持來。去時持去。且日當稽古。又道場內。切禁吹煙雜話。

理由　夫日日將竹刀持來持去。甚無煩累。且都會之地。橫路易入。甚爲危險。然本館以堂堂正正之軍人。及志望軍人學生。雖幼也而有操守有節義。品行嚴正。自無可慮。況將來爲他人模範。自已必先正其模範耶。此持來持去。即堂堂正正軍人學生之好模範也。稽古者。熟習諳練。徵今考古是也。蓋學而不習。與不學等。習而不時。與不習等。且不考古則爲由知其權衡。不徵今則無由知其變通。矧一人懈怠。他人即感其影響。而長頹風。浪以費時日也。故本館戒之。至於青年若無進爲之勇。無進取之氣。是必放怠無心者流。而無所爲嗜好。無所爲嫌忌。動輒恥其劣。潛居人後。此廢道之胎胚。吹煙者發育之大害。雜話者修業之障碍。故皆所必禁也。

第三條　本館先劍術而後柔術。初入門者以劍術基本演習爲本元。不能諳此。則不准習柔術。但入門頭一週間必先教以居常稽古儀式。學生應盡之道。

理由　物有本末。事有終始。知所先後。則近道矣。故吾道必須由淺入深。循序漸進。猶聖人敎人必先以小學。洒掃應對進退。日用倫常之道。而後及明德新民止至善也。所謂登高者必自卑。行遠者必自邇。吾道必先以基本演習練熟之後。而後及練體柔術。本此意也。又凡新入門者先進者必熱心導率。增一人譬如增一同胞兄弟。以表其歡迎之心。故一切居常稽古儀式。及道具（小手面胴類等）束裝法。一一懇切指教。以顯吾道同門情誼特厚也。

第四條　本館每月有練體柔術服之預約。宜於入門時一幷完納半年之費。存儲銀行。如能按月另納者。則先幷納之欵。將來本息仍歸學生。

理由　練體柔術服。日所必需。武道重威儀。故必須一律整齊。儻按月徵收。未免太爲瑣煩。且難免先後參差。故設此條。每月或有不納者。即按所存項內扣除。

但半年合計三圓七十錢。第一月先納七十錢。第二至第六月。均六十錢。

第五條　本館之舊館友。及本館生徒之父兄臨場參觀之時。必一同行禮。以昭敬愛。但他人任如何懇請入武道場。皆必嚴爲拒絕。

理由　古以武道。決不許人縱觀者。蓋所以重自持也。是以有隙壁以覗者。斬而棄之無罪。〔殺人公許〕因俗眼觀此道。不失於濫譽。即不免妄毀。故演練者見有俗眼觀客。必逞巧捷以要其羨慕。此僞風不可長也。至若舊館友先輩將校。深於此道者也。又必時常請其來以正習弊。生徒之父兄雖未必深明此道。然既使其子弟業此。必深知本館之宗旨目的。與之暗暗合者。以誠心篤志而來。故必招待敬禮之。此皆俱一付達眼。故無妨也。

第三章　禮式

禮式大分爲二。曰室內禮。曰室外禮。此二者中又三分焉。曰對上。則最尊禮。曰對等則交互禮。曰對下則注目禮。室內禮則以右手脫帽。垂拱立正。先注目而身體上部微屈。待長上注目點首後。即復成立正式。長上命少息。然後隨便。室外禮則以右手加額爲禮。(其對上對等對下詳細節目大畧與陸軍儀注同故畧之)謹將本館所特要者節錄如下。

一、道場相見注目屈躬。
二、教師臨場時。上級劍士一名口令立正。注目。報告人數畢。則口令少息歸隊。
三、初登場、二人一組。左手提劍並立向教師行注目禮。而後相向交互行禮。即較練交演。
四、演畢仍相向交互行禮。再轉而並立向教師行禮畢。即用跑步歸隊。
五、演習中或少差錯。宜起羞惡之心。不可笑而起玩視之心。
六、演習中傍觀者禁耳語僻目邪推等事。
七、任如何寒暑。禁袒裼襟卷投足欠伸等事。
八、禁放棄竹刀。踐踏道具。
九、鬭士相對。他人不准由中間通過。
十、鬭士登場。他人不准由教師面前通過。

第六期

以上十條。違之即犯。必禮嚴飭之。蓋規律之緩嚴。士氣即因之弛張。故必整肅儀容尊崇秩序。以重吾道之風紀。是不可不愼也。又敬禮行則長幼之序正。上下之分明。故軍人教育。不獨精神嚴峻。而上下愛敬之情。即藹然存乎其間。天眞爛熳。不飾不媚。此敬禮中寓乎服從之道。本館重之以立基礎。軍隊用之以爲要領。本館由之而風紀正。軍隊依之而軍紀立。此最温和最優厚之中。而正存夫眞精神焉。豈可以具文視之。

第四章　武道

武道者建國之基以之士道修廉恥勵士風維以正士氣維以振士節維以高士心維以固至大至剛充塞天地（以道論武則大武也重學問尙節操義也重於山嶽死也輕於鴻毛粉骨碎身赤心不撓居敬存誠覺於形骸之外則一往無前矣）**忠若國家孝若父母友若兄弟和若夫婦信若朋友。恭儉持已。博愛及衆。學**

也修焉業也習焉以啓發其智能成就其德器進而廣公益推世務一旦有事抱義勇以奉公扶翼國家於天壤無窮世界獨尊〔倫常之道宜如衣服飲食每日必需必究故經書言之而此復揭之不厭其煩也然開宗明義第一要具國家思想認定國是苟方針一誤則一時之愚忠即萬世之罪人故必多讀書報多閱世故窮今博古以啓發其智識夫然後可以無惑古人云知仁勇相附而行不其然哉〕軍人應盡五則如左

一、軍人宜盡忠節　二、軍人宜正禮儀

三、軍人宜尙武勇　四、軍人宜重信義

五、軍人宜主質素

以上五者軍人之髓腦須臾不可離者也非學問深見識遠者不能達此

第五章　文武一途

登斯堂者是曰軍人文武之道學焉修焉爲古今書籍讀

破萬卷劍搏奧義窮極其端識膽並進激於一貫苟偏於一雖精徒然（入其道場即教室乃講堂而兼操場者也右大書於壁可見武必講文文必俱武孔子曰有文事者必有武備又曰文武之道未墜於地在人賢者識其大者不賢者識其小者日人正成兵庫之言曰文武名異其道一也猶靜如水而動如波治世非文無以正歧道亂時非武無以定征罰歷觀中國歷史上世皡皡熙熙中世以下文武分爲兩途天下無事山靜雲穩則文學勝天下有事天轟地震則武勇勝二者相凌相傾軋相非相遏制卒至重文輕武養成一般文弱習慣是蓋過也不知文武之道不可歧爲二途合之則羽翼成分之則四官五指不相爲用是以無文如絳灌無武如隨陸雖各成其名而偏廢終不宜於今之世試觀日本維新之元勳如坂本龍馬千葉周作之高弟木戶孝允齊藤彌九郎之塾長勝山縣兩伯刀槍師家之子孫西鄉大久保先輩自顯流之達人是皆天下之人傑左文右武相均以成其羽翼者也不然徒文則流爲腐儒徒武則流爲匹夫斯無足貴矣所以注意在文武一途約而言之即精教育是已）

第六章　箴砭

武道以何爲貴曰惟精神精神者武人之特色其要素有八曰剛毅以當難也曰勇敢以立衝也曰耐忍以堪久也曰懇誠以懷衆也曰威重以服人也曰果斷以處事也曰勉勵以積功也曰躬行以率先也備乃資德愼乃言行高乃品位夫然後可以大有爲也此之謂武人特色即精神即武道之所貴者儻失此要素技藝雖精妙乃角技者流非吾人所謂武也然而天下之眞正武人蓋寡矣可勝慨哉（嗚呼才之難得也不其然乎夫眞正武人之德性非一朝一夕之故所能養成也淺言之則進退應變當巨難深言之必明德新民止至善也近言之則正心誠意以修身遠言之必齊家治國平天下也惟自知也明自信也深造次必於是顚沛必於是無一時之間違斯道也易乾行健君子以自疆不

息具此良修慣以進行則達士之風骨自然可得而至也故眞正武人在性行之養成初不問其技藝優劣何如也雖然武藝過劣亦不得爲眞正武人吾人所期望者必爲絶對的天下無雙之達人故精神能發達則技藝自進步斷未有得此而遺彼者〕**武藝不與精神教育一齊進步非眞正武藝也**〔武藝之觀念曰自信力曰自負心能任責能知恥振起自主精神節制其欲而得其宜武能雋特必使文有優等之譽道場能强勇必使陣頭有拔羣之功自奮自勉師可奪志不可奪惟有此氣概則志操確實品行端正外襲不敢誘惑惟有此氣概則意氣壯烈風采嚴格他人不敢侮辱唯有此氣概而後白刄可蹈爵祿可辭世人之走名利誇富貴貪虛譽如雲煙過眼而附之於萬里九霄外超然獨立於世俗塵垢之表唯有此氣概而後甘鼎鑊無刀鋸朔風刺骨嚴霜墜指能堪此困苦缺乏而堂堂正正以進衝破敵陣名登先乘此之謂武藝之能先此之謂眞正而當流特色之一也

武人治者非被治者故信道厚利横於前也不可動害發於後也不可動守其本領以進退之以之而可勝可

敗也敗無悔而勝無誇勝敗惟同得一經驗爲可喜也丈夫之心事須如此至處身涉世行事且固其一定不變之根據彼來攻之而不動彼去脅之而不動毅然也〔南洲詩目前毀譽眞也僞象山詩謗者任汝謗嗤者任汝嗤所謂笑罵由彼笑罵好人吾自爲之而後能獨立獨步不然使無自高之概他若遇利害則動搖因褒貶則擾亂遂不能貫澈其素志矣孟子曰富貴不能淫貧賤不能移威武不能屈此之謂大丈夫彼去脅之而不動解云譬樹顛有一禽使着意而追之則彼或不動使吾匿於蔭下而作勢彼倏見之必蒼皇遁飛此即彼去脅之之一手段也人持此手段以脅我亦必毅然不動而始爲有守〕古之武人深窮武道之奧義故氣自負有一流專門心自持其一種見識吾箇中之本領守之而不亂吾箇中之機軸執之而不讓終始貫徹所謂武門武士有一種之特性焉以折衝而相喜不苟問夫禍福以勇猛而相陳不得假云未練以威武爲賢絕不流於文弱以忠死爲榮決不取乎生辱思想極清廉純潔故臨危自顯其意氣揚揚是以快刀一擊而兩斷怪力一搏而突

飛勇壯活潑處事如飛芒鋒刄而實地試練實事作鑑講窮又其常事也反之一擧輕佻之作爲是行。一點邪曲之手段是施以之而貪勝利者其思想賤劣。此吾門所不容。必擯斥而爪彈之也。〔時世之變遷也。社會事情古今大不相同。固不能強人以所不能。然欲爲未來之偉人必養成武士性行而後可。因所期成不能遠大即流於卑小。如中國末世文弱成風。不任疲勞而樂笑人長短議人勝敗一般睥睨根性。安足談武道則必放投竹刀。脫棄面小手。踏越道具而不惜。披靡倒臥恬不知恥。蓋貴文賤武。頹風難挽。拘守故道而不思變通。此先聖之蟊賊而已矣。夫技藝之巧美。古人或不及今人。知識之發達。古人或遠不及今人。然身體之剛健。今人却不及古人。德義之敦厚。今人殊遠不及古人。古人以剛健敦厚成風。故能於吾箇中之本領。守之而不亂。於吾箇中之機軸。執之而不讓。終始貫澈之元氣。充溢飽滿。而今人以遊情輕薄爲俗。說之以道義。則東風馬耳。士風之所以日衰也。噫〕道義之教。在能使人之志趣高超。平凡之耳目無甚佳味。惟賴師心蘊蓄至誠耿耿。耳提面命。與弟子之腦裡相印照。乃可以喚起也。〔武道師範之教法以精神而率其精神以躬行而督其躬行不教之間之教誨不言之間之感化猶孔子曰吾道以一貫之曾子曰唯」**武道師範守天職而處世不可不將熱血盡注於精神教育**「子弟及子弟之父母所期望者一委之於師其責亦重矣哉夫離婁雖明不以規矩不能成方圓師曠雖聰不以六律不能正五音故師範之德不以躬行不能感化而使人中心誠服故必履眞率正直之準繩以維持剛健敦厚之風教以酬其子弟及其父母希望之心則其責盡矣世有劍客者流初不顧道義安在唯一已之名利是求徒貪虛譽求人知以多爲榮以速成爲得意放肆縱誕以任己之好惡自賊其身又復賊人之子弟終爲斯道之賊武道之教委之於此等淺薄之人斷斷乎其不可也以武道之教師任國士之教化幾與宗教家相並肩故不可不愼也日與血氣少壯相交接其情欲勃勃而危險敢冒是以修正其過誤救其陷於惡習以維持正道此教師之責也西洋一流道師之言有之世之教師操縱學者之行爲如汽車之運轉者（機關手）電話之交換婦（連電手）以約束操縱學者之行爲則陷於惡路者少矣」**當流天眞爛漫使學者天性發達爲主眼但染**

於技癖而成錮疾作爲輕佻有害風紀者吾門所嚴爲矯正者也。〔世之劍客者流其爲教也放弄操縱無定規矩卒流於技癖而成匹夫之勇是以蓬頭突鬢垂冠曼胡之纓短後之衣瞋目而語難相擊於前上斬頸領下決肝肺無異鬬雞一旦命絕而不恤夫安知大人之劍德陸以爲鋒英海以爲鍔俄日爲脊法美爲鐔西葡爲夾包以六洲裹以四時繞以五洋帶以山嶽制以五行論以刑德開以陰陽持以春夏行以秋冬此劍直之無前擧之無上按之無下運之無旁上決浮雲下絕地紀此劍一用而萬國平和天下咸服矣次之以知勇爲鋒淸廉爲鍔賢良爲脊忠誠爲鐔豪俠爲夾包以技藝貫以機器此劍亦直之無前擧之無上按之無下運之無旁上法天以順三光下法地以順四時中知民意以安四鄕此劍一用如雷霆之震四境之內無不賓服而聽命矣〕**達守破離三段而可歸元**〔專心規矩而守其則一段也破新工夫二段也離此二者之區域天眞爛漫行所無事三段也達此三段而後歸於元妙如電掣風行無可捉摸難以名狀則神矣〕**凡子弟以善意而發言施行必歡迎賞讚以**

增其自信力否則使冷淡看過是與遏其善萌等也〔凡子弟之偶有嘉言善行而冷淡看過之則其自信力必薄遂因此而自棄者有之所以不可不歡迎誘導其善意彼出藍心生師必優爲嘉奬傲慢心生師必深爲排斥清其泉源固其初志事事物物臨機啓發其善意修之正之扶之翼之接之引之欲趨於輕佻比潮勢逆立爲尤難夫然後武道可得而發揮也〕教人者導其武藝練達又當導其人物上達智行並進藝學兼修此吾道之緊要主眼故常振發其高廣感想爲最當注意者也〔凡人物養成之道即古人或今人之中擇一心所欣慕者作一標準欲與之齊或必欲優過之斯有成就矣故氣宇之大小以成其技藝技藝之大小以成氣宇即如縱仰巍巍峩峩之高山欲一步而登其巔則已之氣宇自必亭亭然有高上之感橫臨渺渺茫茫之大海欲一吞而盡其水則已之胸襟自必洋洋然有廣遠之概是以古今英雄偉傑孤鳴山間愛孑孑小池翫幽幽庭園以自娛樂都會人夢視所不及者此中蓋大有道也自歐風西來今之學校生徒會於一室或歎暮況而抱空腹宛如烏合之衆而易潰蜘蛛之子而易散也但舍道而求藝師

弟之誼不講也。嗟逆旅主人多殷勤出門轉盻成路人今之師弟之間。誠有此憾。昨日爲甲校生徒。今日轉入乙校。途上與舊師相遇。即不爲禮。所謂七尺去而不踏師影。殆謂是也夫優師重道。武夫淳厚之美風。所賴以不絕者惟吾振氣舘之風習尙在也」武力者內而自持心膽勇猛外而不自負體勢者靜而自然天眞爛漫動而無矯僞則風高凛然而超衆品位泰然而超羣即武士必須武骨凛烈劍掃一則曰。身要嚴重意要閑定色要溫雅氣要和平語要簡徐心要光明量要寬大志要果毅機要愼密事要穩當心思言行。須日日與此十要目相較正。所謂積日新之功也古之武人必日記自己言行。善惡即振筆直書。無所諱飾縱大雅君子嚴師益友見之而不以爲恥。此君子之所謂養成愼獨之德是也。然看讀寫作。尤武士所宜養成習慣而嗜好之者。蓋不多看則陷於陋不溫讀則易忘失不抄寫則難記憶不實行則難見效。那破崙之研窮戰史也。不徒通讀一過而止。常執筆而一一加之批評。宛若朱子派漢儒者流。養成兵事上判斷力其天禀應用固如是。實因有非常之勉强力。而始克爲那破崙也。凡人傑所行事。其所以異於羣衆者。必堪人所難堪忍人所難忍爲人所難爲。而家庭涵養。尤其要素。古儒所謂胎敎是也。譬有病兒。慈母按之膝下而下藥。嚴父蔽目而震慄。及兒健壯好武勇。反深戒其好危險。且不以過激之言叱責之。母也易其下藥之勇。父也嚴其約束之法。以薰陶健兒。使勵精文武。善之至也。世所謂繼母。其兒多不免卑劣根性。此足徵家庭敎育之良否。爲兒之成壞所攸關也。日本菅原之母。以月桂家風之歌而訓子。大伴之父。以海行山行之吟以警兒。此皆善於感化幼兒。使兒與親共成一心。剛毅凜烈。則寒暑風雨困苦缺乏。所不顧也。一心不亂。總以膚功克奏目的達成爲宗旨。武道之奥旨。多基於家庭之敎育也。信不誣矣。

文苑

蝶夢園詩話

鴻飛

徂東以來。倏歷數歲。睠顧祖國。恆繾繾焉不去於懷。每當憤懣抑鬱時。輒籍吟哦以鎖塊壘。特予腦筋蠢鈍。文筆笨劣。每一成章。自已作惡。直諸現世。想亦同然。懼災梨棗。用斂晦焉。爰取師友及鄉先輩諸名作。手記一通。供我諷咏。或間及日本名家之作。實非崇拜外人。錄之以自策勵而已。惟於每章之下。皆綴評言。匪敢翫弄他人。聊以自疏意見。至褒貶不適。所在多有。原詩具在。閱者自有慧眼。當能判決。是非顚倒。吾亦弗任咎焉。

河南四通八達。中國有史以來。皆爲極重要之地。以故文人墨客。題咏絕夥。載諸簡册者多至不可數計。然名篇大作。沈淪不彰者。尤不知其幾千萬。予於友人處得湘省桃源郭蘭蓀前輩詩集一册。世少傳本。全篇凡數百首。其中題河南一省事實者。的至數十章之多。蓋彼爲咸同間名孝廉。公車北上道次觸目之作也。今讀其詩筆勢奔騰天風鼓盪隹幅如斯詩界中曾難多得如『汴梁懷古四首』。氣勢浩瀚筆力遒健亦可謂經營慘澹之作也錄之如下。其一夕陽明滅魏王城六國從衡此戰爭月黑雄狐窺野戍天寒狡兎走殘營屠沽果具匡時略賓客終成伴食名獨向信陵臺上望黃沙白草弔侯生其二平沙浩浩走驚蓬廣武城邊起大風河北軍聲殘壘在淮南山色彩雲空八千子弟沉江左百廿歌僮散沛中虎戰龍爭隨勝負鴻溝水勢向西東其三大梁亭畔暮雲浮一片寒鴉宋汴州兩世君臣甘北狩千年京索向南流吹臺月吟笙歌散艮岳宮焚狐兎遊最是夜來風雪裏更無燈火上樊樓其四夷門東去控雎陽又是風雲百戰場永夜笳聲驚客夢沿邊雪色動征裳雕盤廣漠驚沙白日墮遙天大地黃匹馬南來空弔古中宵寶劍吐寒芒

河南人才之盛稽諸史册。洵可謂車載斗量。不可數紀。惟近日民族主義大興而岳鄂王尤爲世所尊尚雖神州之靈不能以疆域論然玉出崑岡又豈得謂生殖地畧

無光榮耶所可惜者古今咏鄂王詩無慮千百而確能寫其精神者實甚寥寥如郭蘭蓀前輩亦有朱仙鎭謁鄂王祠一首云『志士未成功況乃讒閒死下馬謁岳王空廊走狐狸遭遇良獨難徘徊不能已東望汴梁城颯颯英風起』詩非不隹然謂能罩盡鄂王生平則猶未也友人某謂與其讀後人咏鄂王詩不若讀鄂王自咏者如滿江紅一闋氣衆嶙峥英風叱咤字不滿百而一身殆無餘義試問後人之作有能如斯之寫照乎斯言良信。

侯朝宗亦現世所稱許者觀其代史閣部答攝政王一書大義炳然迄今讀之尤令人神往不置惟其生平無多事跡表異此則可爲深惜者郭蘭蓀前輩亦有一試弔之云『匹馬黃昏過大梁侯家池館暮雲涼夷門血冷心同壯雪苑春殘塚漸荒慢說紅顏知節烈誰教白髮耐興亡雕蟲我亦如君悔獨立蒼茫弔夕陽』蒼涼悲壯讀之使人百感交集投筆事戎軒我於此盖躍躍欲試之矣更願河南諸同胞各知自勉勿如侯生之壯悔焉可

日本維新人物予最服膺西鄉隆盛生平言行照人耳目不待言矣即以詩論抑亦

人中之龍也。惟聲調多有未諧者。然乃日人漢音隔絕。故於詩之意境。固無傷焉。如述志七絕一首云『建業惟期華盛頓。戰鬪獨步拿破翁。半宵提劍望寒月。今古興亡兩眼中』滿腹懷抱。踔躍言表。大聲長歌。使我亦有振衣千仞。濯足萬里之概。又古詩六句云『我有千絲髮。毿毿黑於漆。我有一寸心。皓皓白於雪。我髮猶可斷。我心不可滅』義正詞嚴。丹忱如見。予每頌一過。輒戀戀焉。生景仰心。未知閱者諸公。亦有與我表同情者否。至若伊藤博文之『醉臥嬝嫋美人膝。醒握唐皇天下權』二語。純是齷齪氣習。勢利風味。日人傳爲美談。予甚鄙之。吾更願我同胞亦共鄙之。

又明治十年。（即中國之光緒三年）桐野篠原等。（皆西鄉黨）起義傾倒政府。適西鄉方擔囊肩槍。率一僕數犬。遠出大隅山遊獵。其事之起。畧弗之知。會其弱弟及小卒等尋到告急。促其速歸。西鄉乃憮然太息曰『烏乎吾事。終吾命亡』蓋深怨其徒黨起事之早也。歸途過某地。見一小兒習字。遂把筆書一絕句云『白髮衰顏非所意。此心橫劍愧無勳。百千窮鬼吾何畏。脫出人間虎豹羣』英雄末路。所志不成。壯語激昂。實露出一幅萬種傷心之概。予初讀此詩。爲之不安者數時。至於詩格之高。心胸之濶。見地之切。猶其餘事。彝齊宋君。與予幼屬同學。談經講道。獲益最深。癸卯後。君東渡。予鄉居。西燕東勞。隔絕久矣。取締風潮起。陳烈士天華以身殉國。君爲其好友。鬱鬱胸頭。竟成一病。懨懨之勢。已瀕危矣。而家國之念。尤縈繞於腦筋而不去。懷予時東渡。審視之於田端腦病院。話別之餘。君復出五言二律詩相示。其一云 『他鄉久流落獨夜更肅敷孤枕梧桐雨殘燈天地秋此生愁裏過故國夢中遊天下滔滔是孤懷何日酬』 其二云。『去國已三載 思家又一秋 親憂催白髮閨怨定蓬頭禹域腥羶滿天涯道路悠有家歸未得期待滅匈奴』 仁人之言流露紙上詩味之佳其細事也厥後君病漸癒而予之學業賴其指導者猶不尠益者三友斯殆兼之內顧我躬詎非一幸雄篇大作率以長篇爲多能短章中如杜少陵岳陽樓四十字氣象博大涵蓄深遠謂非雄篇大作不可得也彝齋不以詩名故所作長篇絕少然有持落落數言亦且神似少陵去歲君遊南北滿州。窺查日俄及滿族土著情形。所至之處。多爲吟咏。予最喜其登遼陽城五律一首云。『縱目邊城上蒼茫極大荒地偏玄菟郡天入黑龍

江野戍鳴悲角川原下夕陽扶餘王氣盡爲憶李成梁』寥廓幻杳俱在言外吾於此詩亦顏之曰雄篇大作

孱齊復出一稿本屬予校讎詢之則其先八世叔祖宋起龍先生遺澤也展眎之則天際鸞吟非復人間凡響而一種高潔之氣尤爲喪節者聞而驚心蓋先生以故明諸生不肯作滿淸順民局影窮鄉以箸迷自娛故所言多追念先朝譏諷當世而『聞謝也眉郭爾瞻應鄉貢試作此以寄』一首不特爲當時人留一諷刺更可爲現世薰心於淸政府之祿位者作一龜鑑也因亟錄之詩云『蛾眉久不嫁對鏡自惋痛春風暖絳帳玉簫吹鳴鳳往往遣東施百輛爛迎送獨宿羡神女徒作陽臺夢桃李開晚花梅落芳樹空靑絲點秋霜肌皮縐如凍而乃聞催妝簫鼓爲我動靡言遂燕婉聊兒蹋踘惆往哉別嫁裳刀尺不復弄』詞峭意深蘊而不露比興之遺斯爲近焉又山居十白詩予酷愛之錄之以使同好『其一 白坐』前不見古人後不見來者明月守枯廚有酒無物下以我與影俱如聾而對啞『其二 白走』弱水疑可渡崑崙擬欲適白髮鬖淸晨千回走蹣跚計程如蟲蟻不出階一尺『其三 白想』太昊本大罅女帝如何補仰視

皆蒼蒼謬云石有五我欲往捫之蹇矣非夸父其四白愁白髮摘復生苦被明鏡惱私議打破鏡存我鬢眉好明鏡無時圓白髮無時皁其五白話騁馬走蝸角正値蠻觸兵木人與土偶兩國說縱橫歸過蚯蚓穴蒼蠅吼雷聲其六白憾流言殺武庚二監苦不密子房千金推博浪一兒戲千古僨事人使我勞假寐其七白悔明妃恃顏色不肯賂畫工塵沙將萬里朱粉撲翔風寧知委靑草不復到漢宮其八白睡紗帽生恐怖不入蟻王國莊周苦癯癯化蝶費神力造化傳郵耳聊以休吾罷其九白惱天地常不合五嶽終不小北溟老大魚不得化爲鳥三萬六千日屈指一時了其十白喜夜半風雨聲老蛟入屋裏所恃腕骨强或可恃雙耳一朝破壁去空餘白蹢豕」思想超逸筆力幻眇自非洗淨塵心此境亦盍克易到其他名篇尙復不少前限篇幅未皇具述

日本陸軍大將乃木希典能作數小詩全國奉若神明膚淺之詣不待言矣夫儒將風流投壺雅歌按之中國乃成慣例斯亦何足爲奇者惟吾國近日學軍事者恆鄙文詞爲不屑道來日方長或如日本現時之腐陋亦未可知吾友彰君鳳池中學素深留學陸軍於東西各兵事皆碻有心得他日馳驅東亞風雲變色引領之望吾盍

已耶。現君方在聯隊中。所作軍事日記。約四五册。其中每記至倦怠時。賦詩自遣。文武兼施。誠佳話也。中有『夜行軍途中作』七律一首云。『夜出屯營向野營。轔轔車馬雜鷄聲。遠山月冷看疑幻。近市煙濃認莫名。捷奏崑崙豈百戰。功成淮蔡祗三更。精神總賴平時積。臨敵方教稱勝兵』又一首有序曰『自野營以來。晴雨不時。疲憊益甚。演習而外。惟思飲酒酣睡。而故鄉之念。亦不期油然生也。』詩云『蒸空炎氣逼人慵。況復野營勞頓中。酒買薄錢贏一醉。身倚孤劍倦雙瞳。雲山疊疊家何在。瀛海茫茫路不通。草地初晴腥氣洩。聊將詩句助薰風』又七言絕句一首。題爲『野營中隨筆』。詩云。『兩餘獨把葡樽傾。翹首月華萬里明。喇叭聲中燈數點。村人應指是行營』言情欵欵。感𢡟具存。無激言高論。而意自悠遠。

游歷官某。不知其姓名。以調查政學兩界事。到東瀛行。賦七律四首。音節、瀏亮。瀟灑、出塵。雖排句中時有單弱生滯之弊。然起尾兩聯。皆有激昂慷慨。俯視一切之觀。因錄之實我詩話。其一『聞道東洋政俗齊。偶從北上一遊之。同文氣象方興日。尚武精神獨立時。項橐兒童諳愛國。康成婢女盡知詩。自憐海外來觀者。淸夜無眠有所思』其二三島區區水一方孰知萬國盡梯航懷柔有道皆同化尊攘無形祇自強未雨綢繆先戶牖聞風警覺勵門牆試看日露交爭後猶記遼陽大戰場其三莫道郎當舞袖寬和裳原是古衣冠章縫儒服無文繡勤儉家風薄綺紈飜乎成雲聯衆志舉頭見日憶長安更從幼穉園中遇教育完全不忽看其四憔悴西風又一年雪花如掌雨如煙君山流涕知何益箕子爲奴最可憐國體尊崇培國粹民心固結保民權東來賢士多如鯽還望能揮祖逖鞭』前三首固多可採之句惟皆言日人盛事於我國民無甚裨益故吾以爲第四首尤爲可取以其能策勵我同胞也聞其人係河南籍未知是否

予素喜讀香奩體詩而言道德者動引爲大戒意恐不得於兩廡下食冷豬肉也夫道德之實質原不可以形式論譚正心誠意者未必皆君子說花容月貌者未必盡小人心地之光明豈能以外貌求之耶若以外貌求則葩經三百孔子手定而男女猥褻之詞十居六七今欲興文字獄則當驅孔子於文廟外下此歐陽修輩又不足論也故吾今論詩縱以如何卑靡之音皆有可取惟當觀其有益世道人心與否以

爲探擇不必以香奩語爲足諱也去歲於某日報中見歎五更小詞五闋係調『寄銀鈕絲』爲刺某督而作者託婦女之失寵寫情景之凄涼詞旨閒雅讀之慘人心脾洵可人之作錄之以爲現今當道昭一龜鑑

（其一）一更裏相思恨悠悠瑤琴獨撫紅淚雙流數離愁梧桐院落蟲語啁啁別後濃情減生前好事休小腰圍可憐盡是秋來瘦歡雖棄妾妾尙爲歡愁全不念鴛鴦夢浪逐沙鷗我的天老爺撇得奴奴夜夜對着孤『燈守』

（其二）二更裏相思竹影交闌干月上花氣如潮太無聊侯門初入似履雲霄列屋花如水蛾眉妾獨嬌承恩寵一在溫存二在貌流蘇春暖同度良宵自從那謫長門身世便蕭條我的天老爺千金賦誰人去問相如要

（其三）三更裏相思玉漏長飄颺蕩蕩上了高唐見襄王天顏如日絲竹滿華堂婉轉陳羅帳殷勤賜玉醬正綿纒鐵馬丁冬在簷前響驚醒了南柯夢香汗濕羅裳合上那橫波目仔細思量我的天老爺恨春婆他也無端將奴謊

（其四）四更裏相思暗嗟呀悔不該恃愛獨占榮華自矜誇芳時已過敗柳殘花冷落銷金帳飄零油壁車五花驄更何人向門前下舊人雖在莫問兒家欲學那商人婦別抱琵琶我的天老爺莽天涯何處相尋白司馬

其五

五更裏相思斗柄西朦朧曙色透盡碧玻璃乳鶯啼未曾飲酒昏昏沉醉如泥天上飛胡雁人間唱曉鷄小了甕何事殷殷催儂起無心茶飯着甚羅衣刻骨相思再也無人醫我的天老爺難道奴就一病奄奄到底

日本人作漢詩尙古奧者不足奇擅雅飭者爲足奇意境佳者不足奇音調合者爲足奇如月落烏啼霜滿天一句日人最喜讀者然此七字中國即僅七聲而日人讀之則有十七音之多此有何趣味耶故其作詩堆塞古字思想精闢或可能也若夫韻致翩翩風雅宜人此最難能者所謂有『目的詩』無『目的詩』漢音隔閡自然之勢也頃見久保天隨『花鄉曲』七古一首長近千言而聲光綺麗氣韻深穩求之中土人已爲難能況其出於日人之手吾輩能勿驚奇耶因錄之如下『吳娘且勿謳越妓且停聲座中暫傾耳聽我述花鄉花鄉生長西濃里水軟山溫正鍾美生小多嬌欲擬誰薛濤爲妹文君姊山塘十里酒家樓短棹淸歌盪畫舟聞說其中貯羅綺粉脂漲膩滑春流日暖江隄踏青處怯人調戲旋歸去裙腰繚繞避游絲帕額顚狂防柳絮蘇蕙風姿麗似花左芬才調薄鉛華盈盈十五可憐始綠鬢雙鬟釵影斜誰

圖夙孽未償得變起家門淚沾臆怙恃早亡欲依誰破產阿兄無賴極荳蔻初開兩打春勾欄從此寄儂身一例名花憐墮溷紅顏薄命古來眞果然色藝教坊選紙醉金迷排綺宴絕倫才慧習新聲宛轉嬌喉似鶯囀擅板敲終捧玉樽纏頭十萬未爲恩便教姊妹無顏色聲價當時孰比倫旣會風流歡笑意新裝趁樣輕珠翠蘇娘油壁且催車公子玉驄頻駐騎有時單坐蹙双蛾身世茫茫恨若何令我銷魂令我死背人啼哭對人歌歌吹海中幾愁苦氷清玉潔悲塵土假如一笑博千金豈若荊釵村婦伍攀素徒期白傅憐彈絲吹竹久經年無多骨肉歸黃壤夜雨燈前淚似泉零丁弱質傷行跡歷盡短亭與長驛芳草和煙一路青行行引到長安陌長安陌上看花初細膩風光晝不如繡轂雕輪滿街塞路人回首問儂居城中艷說浣紗目身在平康坊裏宿孤負春落照斜阿嬌誰得藏金屋暮暮朝朝慣畫眉雨怨雪愁竟爲誰翡翠屏中香燼夕琉璃枕上夢酣時珠啼玉笑情多少花月銷魂歲華杳絕似空枝棲病鸞夙因如許何時了從來名士悅傾城一夜紅箋賦定情細讀西廂知曲意其人別稱慕張生欲將游俠生平慰年少祿衫珠履貴才子數奇兒女情狂奴故態英

雄氣紅粉憐才俠自高綢繆相得笑相邀水約山盟素心合珠簾璧月可憐宵宵宵間把瑤笙弄引得青天簫史鳳媚香樓上續幽歡秋月春花五年夢每自啼烏怨曉鐘殘燈枕畔髩雲鬆寧知來日愁如海水濶彼深千萬重好夢却嗟彈指覺伶俜泣倚紅欄角願君捷足上青雲既分斯身在泥淖往日恩情誓不忘怕他葛藟累五郎路花牆柳休談艷到底難登君子堂始鍾情多懊腦誰憐憔悴徐娘老郎如求配擇幽貞莫向東風摘花草如是因緣古今皆願爲明月照君懷翻然高舉相辭去應悔當初事事乖記得藍橋當日別江淹詞賦淚和血秋娘何處寄餘身西燕東勞音信絕本事說來誰耐聞多情況擬杜司勳幾費思量較身命輕於秋葉薄於雲風光一瞥歲將晚萬里天長煙水遠月地雲階問舊蹤誰言合浦珠當返我歌此曲意殊酸四座聽之亦不歡燭淚星星酒消候秋風乍怯鬢絲寒

女士秋瑾被害紹興海內報界咸多寃之吾以爲是褻之也謂秋瑾爲黨人耶則求仁得仁夫何辨焉謂秋瑾爲非黨人耶則方唾棄之不暇又何寃之與有吾友世界梅夫與予意見適合因秋女士絕命時有秋雨秋風愁煞人之句即用爲韻作詩七

首。語殊峭拔。不落凡庸。評論氣概。吾愛之重之。爰錄之以息海內誣毀秋瑾之啄。其一
秋雨秋風愁煞人。哀酸悽楚不忍聞。壯心未遂紅顏老。山鬼夜嗥俠劍鳴。其二
蝶眉有眼蒼天瞎。神州胡馬繞二匝。待欲長歌喚國魂。四顧茫茫眞恨煞。其三
隻身曾作海天遊。縱口聲聲唱自由。堪笑男兒羞煞死。偏教紅粉獨驚秋。其四
取締潮翻東海東。縱橫舌辨傲羣雄。八千留學女代表。尙武精神獨立風。其五
漢家女界更增憂。歸去來兮浙江頭。熱心教育曇花現。衆生齊祝海棠秋。其六
去國周旋去幾許。聶紛荆脂隨伴侶。巾幗英雄幸有君。回首中原淚如雨。其七
醜虜大索瓜蔓四。刀光揮處美人羞。莊嚴歷史占一席。贏得英名天地秋。

偵探小說

芝布利鬼宅談（續）

英國　軋姆　著
蓼城　吳　肅　譯

伯司非呼曰。斯丹君乞少待。僕適聞君與荻水話別於此。故急來與君立談數語。倉猝急呼。乞君恕我。哲慕自思曰。彼蓋以前日之拒絕過峻。今日已轉意。特來修睦乎若然、誠余與荻水之幸。隨聞伯司非曰。斯丹君、日前蒙過訪。話及荻水姻事。僕已詳細告君。今仍與萩水兩相絜絜。前日僕所拒絕之言。豈盡忘之耶。哲慕即答曰。余焉能健忘如是。但—伯司非曰。僕已將斯事一再等思。余言寔無挽回之餘地。請君勿再癡望。哲慕曰。余甚厭聞此逆耳之言。余與荻水之愛情。已如藤籮糾纏。堅凝殆難遽離。伯司非君、余將告君。庶君意可稍轉。君言荻水設一離君。即足失君生趣。余之所以傾心荻水者。亦在是頃間、荻水方告余云。彼受君覆載圖報。殊難萬不能以私戀有拂長者意伯司非荅曰妮子尙有人心但彼負僕者寔多彼言亦非過當違君言僕將錯怪妮子矣言時狀頗輕蔑哲慕曰頃余所欲言者六月後尙希俯允此姻好事成之後君即可合兩宅爲一以與余同居伯司非聞言注視哲慕狀甚驚訝急荅曰此事再勿須着想更大聲言曰僕寔不悅居出此悍橫之言君豈魔耶君亦知僕係退隱之輩生活孤寂不預人之是非非如社羣中之勞勞者甘作海上逐臭夫僕室中四壁圖書即僕之性命友外此皆非所願盡君於此世界中所有者悉以俾老夫恐老夫將唾棄之不足遑論同居幸勿復以此言瀆老夫言時緊握哲慕臂幾如恐其遁者續言曰聞君父巳亡故人言嘖嘖皆云謀殺僕想君應不如是之愚亦附和其謬說哲慕失驚曰余焉得不信其爲謀殺度理審情確無疑義天乎設余父非爲人謀殺伯司非君余父又焉得而死伯司非不語少頃更進一步至哲慕身傍注視哲慕以低微之聲荅之曰斯丹君日前僕曾話及斯宅之神秘君亦忘之乎前此之主人死於床其形狀一如君父僕豈未之告君君尙未解乎君何嘖嘖如是伯司非言畢哲慕究不究其意之所在但終不信其父非死於謀殺乃泠然荅曰但司

非君味君所言。余頗不以爲然縱他人或別有所言則前日檢屍塲中醫生之報告亦足以證明伯司非曰。僕言亦非無因僕之言亦祗係警告意村中人盡云君父死之夜。君僕有被侏儒黑鬼驚殺者。今晨余老僕亦告余君之庵人亦見是鬼僕相信前此之芝布利公爵想亦死於是一人凶死相繼即在目前故無人尚敢戀此斯丹君且信僕言此宅縱爲僕祖宗之遺產僕未嘗於此中曾作一宵夢哲慕曰。誠如是君較余更爲驚恐但僅如君所言前則係一莊弱女子繼則係一庸愚庵人樓高燈暗侍婢或係目眩庭廣夜深庵人必以醉誤皆不足置信伯斯非曰。任君如是强頑。僕但盡警告之誼。夢夢如君即他日有所損傷。亦與老夫無涉。暫不必談斯事。今晚但論君所要求者。哲慕無語。靜俟伯司非如何措詞。中心忐忑確知必無如意之言。隨聞伯司非曰。前日大概已經告君。君之要求僕寔無從應允僕意已決。無復可挽。再者、日後。僕願君與荻水勿再事往還。哲慕憤憤曰。君將不許余見彼並不許余同彼言耶。伯司非曰。君意僕豈僅拒君與彼晤面乎。寔非僅此。僕之意、終不欲荻水自誤以作君婦。哲慕曰。先生拒絕至是。究屬何故。余之對於先生亦曾無稍傷感情余與荻水之愛情先生應已確知且荻水爲先生之愛嬌但汎論之荻水之愛人可藉以謀終身樂趣先生又何樂而不成就伯司非恬然荅曰僕已向君言之至再縱再四思維總不欲以荻水屬君適已明言日後不但不欲君與荻水交游即書信亦不願君與荻水往還哲慕曰君旣如斯處理究能以君之命意相告否伯司非曰僕厭煩絮君但聽僕言僕尙有事不能久候乞各便言畢欲行哲慕自是怒不可遏大呼曰伯司非君少待俟余言盡余寔相告余已早告君勿論如何余必使荻水爲余婦任君專制達於極點不過使余惦念荻水耳設荻水令余少安余亦可從容以俟但使余永絕是心寔哲慕此生難能之事伯司非失聲曰住口住口、僕係勸君哲慕曰如無要言請自便伯司非不荅冷洒而去哲慕少立亦徑宅比及家隨以所遇種種盡告其妹愛梨曰彼何遇兄狂妄若是荻水之愛兄彼亦盡知僅以彼自私之心遂使荻水失其安樂恐終不能任其愚頑如斯哲慕曰兄正恐其如是老人半皆自私但兄將暫任此老奴專橫且待六月後再睹其行徑哲慕語雖平定但中心憤懣愈不自甘不料於歸寢時僕人持一函入確係荻水所寄拆閱之項磊塊都消隨細讀

之其文曰

哲慕愛郎伯司非今晚又與郎衝突彼歸已盡告妾知好事多磨徒令人臨風長歎耳此老對於此事寔令妾無從索解但以妾淺見彼似另有他意不僅彼自私之心但妾心既已屬君縱有他虞亦祇矢志終身留荐愛情於萬一耳

荻水禒衽

第六回

哲慕閱信畢心中大爲感動惟念荻水何不幸如是遇此頑奴美滿良緣終難結合但伯司非究屬何心雖終朝同處之荻水亦毫不知其端倪總之記孤人大半皆師心自用哲慕反覆自思覺伯司非之所行不外自私回憶屢次受其惡遇心輙怦怦然欲與一較纔入恐荻水傷懷亦祇容忍以待轉機閱荻水函措詞徵婉愛情溢於言表更確知荻水心寔屬已隨不覺意志纏綿惘惘若失哲慕本非薄倖之輩況父數有方與酒色徵逐輩未嘗一日伍其愛情皆出於眞摯自此每當鎭日風簾長宵雨枕時輙展荻水函以當面晤萬重叵測心隨白日同懸兩地相思人與黃花俱瘦

其百無聊賴之情形實非筆墨所得曲爲形容者哲慕自與伯司非晤後。蟄居芝布利靜俟探偵之消息日易月遷亦不得魯賓報告麥布利行蹤詭密魯賓不能遽行探獲。概可想見然魯賓亦杳杳幾如黃鶴。心中益增憂慼。更有許多無賴及宵小之徒。涎重厚之賞格平空牽誣他人與此案有涉有云一布商居路易街確係此人。有云伊曾一遇此人於芝布利近傍。更有云皇家監獄中有一死囚頗類其形及哲慕往詢則此囚入獄已幾三年似此終日盲吠聞問不堪哲慕隨自慰曰余何自苦如是水落石自出遲早不等耳設警吏頑忽偵探柔鈍余將自拚身命任斯賊潛入地中余亦必與之偕亡言間、忽舉目見其父之肖像懸壁間隨不覺淚隨聲下曰吾父今何往乎設此世稍有公理存父冤定可昭雪又過月餘仍無頭緒一日晚、哲慕忽按魯賓一信閱畢、謂愛梨曰愛梨兄不能復耐矣閱魯賓信中半皆失意言兄欲即時自行出訪不再苟延兄料此人現已歸至奧斯大利亞及南美等處愛梨聽畢自室中出欵欵至哲慕傍置其手於其兄肩上低聲曰妹之愛老父兄知之乎哲慕聞言。怔視其妹曰。自然吾兄妹之愛父非他人所能知但兄視妹尙有別事欲相問者乞直言之愛梨隨坐於哲慕傍淚盈盈答曰兄勿見怒此人死余等天倫其仇誠不共戴天但余等如是窮追終屬太過兄亦曾記父在時待彼之情形乎哲慕半晌不語復仇之念愈如潮湧細味其妹所言更覺疑團滿腹隨作驚愕聲答曰如妹言則殺余父者妹將任其逍遙法外乎愛梨曰妹意、得饒人處且饒人余等若不窮究亦未始非老父所願哲慕怫然曰兄不如是之能仁兄但欲視此凶人授首法廷縱無一人肯爲兄力兄必自任之萬不能任凶人法外潛身一目抵一目一齒償一齒吾英代不相易之律非余等所得任意更換者愛梨確知其兄之生性一經決意無論如何萬無收回之理隨起身微歎歸室翌朝、兄妹早餐後哲慕負手立於其妹粧室窓外商談斯事颯颯西風已是秋深時候半林紅葉滿徑黃花時與境移益增愴惻念老父慘死雪恨無方雖決意自行偵探但欲尋一神奸鬼秘之人於茫茫如海之倫敦市中幾如尋一繡鍼於爛草堆裏反復愁思一等莫展忽抬頭見遠處一人彳亍而行似向此宅來旋入石楠叢中哲慕初不在意少頃其來益近面目稍可辨哲慕凝目細觀急呼曰愛梨怪甚怪甚萬不能是彼愛梨離椅超自窓前問曰何事怪甚。萬不能是誰。否慕答曰。彼已進此宅。余想萬不是彼。但余常信或可與彼再晤。如妹不以兄忘言。余必確言來者爲特倫傲里。愛梨曰。特倫遠居數千里外。何遽能來此。哲慕未待言畢。急超自前門。與一高而羸瘦之人握手狂震。幾如情難自已者。來者面目焦黑。風塵僕僕。眉宇藹然可親。一見即知爲忠摯之輩。據其先世。確爲愛而蘭民族。但父母早喪異國。爲一友扶養成人。十二時即爲偉廉之獵童。偉廉遇之頗厚。故年雖及三十。未嘗一日忍離其愛主。善乘精調馬術。極頑劣之馬。當之無不俯首。善銃射彈無靈發。更忠於任事。即此觀之。特倫當爲一臧昂之健兒。固無可疑。然時有稍不如意事。反如赤子作嚶嚶欲泣狀。自偉廉斯丹全眷去與斯大利亞後。彼數週間幾至啜泣廢食。如聞人談及哲慕父子。彼即涕不可仰。今又面晤其歡忭更無俟言矣。哲慕雖對立稍頃。仍不相信彼確爲特倫。急問曰。特倫。誠爲汝乎。特倫答曰。吾愛主哲慕。忘特倫乎。別吾主已非一日。吾主安健如常否。吾老主仁慈。應得上帝佑。吾愛梨姑娘應清健。較在奧斯大利亞時更覺莊嚴精彩。愛梨自父亡後。終日牢愁。黛眉未獲稍展。今覩舊僕自異國來。不覺笑靨微伸。隨伸手與特倫。粗而且大之掌相握哲慕曰速入室告余等別後之狀況余年來思汝特甚時忽忽如有所失。設有人於余思汝時以汝相問。余必曰已乘老司摩（馬名）偕頂哥（犬名）往巴倫（山名）去矣特倫四顧廣庭。聞哲慕言即答曰主乎。僕人首途前已將老司摩在薄克村賣去并將頂哥贈與村中監司。自主人去後僕人之生活即覺孤寂不堪舊里繁華已非昨日僕人半生積蓄約及四五百磅每聞主人談祖國美麗心輒躍然欲動終以未得親覩爲憾躊躕自再忽自悟曰僕豈不能赴英一遊兼一省慈祥之老主人耶隨決意來英拚當行李匆匆即赴麥路盃搭輪來此主乎僕人慈愛之老主無恙否愛梨聞言反身自去。哲慕怔怔不答少頃帶酸楚聲問曰特倫汝眞尙未知乎特倫答曰僕人寔一無所知此六禮拜間晝夜行水上昏昏若夢惟心祝余老主人闔宅蒙上帝佑其他未有所聞。哲慕於是即以父亡之歷史告特倫言畢、特倫舌僵目裂幾如失神瞠目視哲慕半晌猛以一拳擊其座畔几上大吼曰主乎速告余誰爲此者凶人想已就捕速告余何時獻此凶人首以祭余老主之靈英倫警衛森嚴何亦有人目無法紀如此耶哲慕曰凶人至今尙未見獲。警吏雖搜索多方。終難奏效。特倫洶然答曰。彼等必宜速獲此凶人。縛於吾老主靈前。一如吾等之縛頂哥英倫道路。僕人雖不詳細。設在奧斯大利亞。僕早縛之如探囊矣。哲慕曰。特倫今汝來正適時。警吏雖東鳴西吠。亦祇奉行故事耳。余行將自行出探。汝爲余父之忠僕余之生性。汝已盡知。汝之技能。余亦深佩。哭保列窃羊之人。汝尙憶之乎。余欲手刄斯奴。正愁無助。余者今汝來。余無他慮矣。特倫答曰。主乎。僕甚幸此來可爲主助。無論此奴潛身何地。余等亦必舍身與之相角。自此特倫隨入居芝布利。隨哲慕往觀馬厩、屋宇、高廠、犬馬、精壯。自思此來。頗堪自慰。較故廬遠勝多多矣。特倫居芝布利月餘。上下人等。皆與相睦。哲慕待之幾如膩友。事無鉅細。僉與相商。頗得臂助。宅中諸僕婢。視主人相待之優。亦皆仰承其眉睫。無與爲難者。一日。哲慕小立門前。待倫教練一新買之小駒。駒體甚壯健。頗難遽服控御。但特倫雅不周章。漸使小駒俯首哲慕癡視良久。不覺出神。一如當前之境。幷非芝布利宅。彷彿仍在故廬。敞庭滿覆碧葛藤一帶。廻廊紅欄。擅凡一頒白叟坐其傍。確係其父與石竹叢中一人相問答非他人。特倫也。迷離間忽又覺已在父傍。仍係十齡一童。着墨色荷蘭式獵服帶深黃色藤草帽父忽攬己手入院中特倫隨其後一花班小泥馬置廊下父曰哲兒明日爲兒誕日父欲以之與兒作誕禮詎料特倫碎其一足兒勿傷父將再買新者正如夢如醒之時忽聞愛梨自後呼曰哲慕兒何癡立若木雞覺頭痛乎哲慕歎曰適間忽憶宮島之故宅故爾出神妹亦視特倫調馬於彼處活潑神情一如當日不幾令余等忘却在英倫耶英倫雖美兒反時念舊廬設兒果得與荻水成婚兒尚欲余等再至舊廬一游野營燈火麥畑炎風一似別有風味更兼金橘花開青楓葉老與老父問字堂前伴吾妹調鶯架下曾幾何時老父之墓草已青余兄妹遭逢更苦回首當年空留餘痛耳正言時特倫已乘駒來前操縱自如滿面皆呈德色哲慕方欲與特倫言忽一輕車轆轆至門車中人非他即魯賓也哲慕迎上魯賓出車兩相握手問訊畢魯賓曰前日致君函未能詳敘今特親來道歉哲慕曰諸擾清神寔深愧恧今荷辱臨應有好消息相告言時已同至書室哲慕速客坐畢即問曰麥布利隱遁之處先生應有所聞知僕之望先生如大旱望雨幸詳言所探之一切魯賓搖手曰慚愧僕之精神腦力已幾用盡終無的當之發見但僕等已由廹丁塘隨此人至

火車站返傍一小飯館內。不虞一轉瞬間。彼又遁去。僕等已派偵員於各出口之船中。及各旅館並下宿店內。更以圖說徧寄內國各警署。尚未得確寔報告。月餘前。僕聞古鈴威河畔。有人神色可疑。爲警吏所執。其身面又與麥布利圖說相荷。及僕趨視。聞俄一販葯者迷路於怕耐村。已爲相識者保證去。未幾又有一人自首於警署云。君父確爲其謀殺。及警官究其底裏。調查證人。此人乃係一辨護士之書記。數日前遽得熱瘋病。自埃塞特逃來者。似此了不足據之現狀。幾令人悶損欲死。僕自愧不敏。不能隨手應心。但以僕觀之。此案非急迫所能探出者。哲慕佛然笑曰。以君之意如是。君對謂此案終不能探明乎。魯賓勸曰。哲慕君。吾英有諺云。法外無人。君應知之。僕之意。若於目前極力搜索。不但不能得麥布利些微端倪。反使一般希賞謀利之小人。因事造端。亂余等之心目。而麥布利更以是匿跡愈密。若能稍疏其防。人言漸冷。乘凶人之不備。不難徒手而擒。若但於人心洶洶之時。雖偵探多方。僕恐亦祇撈針滄海耳。哲慕曰。君言欽佩甚。但僕心急如焚。刻不能耐。縱警吏力不能及。僕已定自行出探。以寔余心。其成敗非所計也。魯賓遲疑微笑。自思曰。斯人幼年性躁。

更不知責任輕重道路險阻徒肆大言終屬無補隨答曰如君言誠可自信但僕觀君徒自尋苦惱耳哲慕悴悴然答曰余任事素不憚繁難況爲父復仇雖犧牲余身亦屬當然縱失敗更勝諸君一任哲慕之力可也先生相遇麥布利之飯館能以名見告乎魯賓聽畢即自寫字枱上取一紙將地名及館名詳細書上交與哲慕哲慕細心閱畢置懷中日記簿內當時魯賓亦興辭相約另日再見哲慕送客畢呼特倫曰特倫明朝余將至倫敦擬自行探訪麥布利甚願汝相伴特倫曰僕願甚愼毋失時倫敦雖僕未曾到過但若大城池應非藏奸之所設在故都凶人早爲僕袖中物矣哲慕聞言已知特倫不詳倫敦之廣大但微笑而已至晚即以情告其妹愛梨早已料定故亦不甚驚訝但彼亦願偕往隨謂哲慕曰妹不欲兄單身前往妹亦不欲單身住此伯司非又不令荻水與余等來往設兄一去妹寔不能無伯以居此宅哲慕曰既如是言余等可偕往兄將選一間靜之旅館於西方縱兄外出妹亦可自慰飯後哲慕更書一函致萩水告其一切囑令勿念云云如得好消息即時當令彼知翌日朝七勾鐘哲慕等買火車離芝布利向倫敦進發車出村中經教會寄葬處衰

草白楊荒寂不堪寓目會堂東畔紀念碑拱立如昨其下一壞黃土尚未全乾哲墓目觸心傷忍淚自語曰父如有靈當佐兒縛此凶人無負斯行也

第六期

專件

創辦小論船通告書

昨閱西報。福公司經營太行煤礦。已出現。性質極佳且旺。惟營運不靈。而銷售難暢。雖有道清、京漢鐵路。而直接間接。終難暢下。故有開衛河達運河行小輪運動。在旁觀者莫不咋舌色駭。而局中反茫然不悟。嗟可悲矣。夫謹以管窺之見泣告我父老曰。仁義富强兩途也、而實則一致。國富强則仁義歸之。莊子所謂侯之門仁義存國貧弱則兼併隨之湯誓所謂兼弱攻昧蓋小役大弱役强乃天下古今通理洋人深知其訣故處處祇貪佔商業(如礦產鐵路運河等)而不務爭地爭城也卒之實至名歸而土地亦歸其掌握惟中國則專務虛名而甘棄實惠洋人知其然也故以虛名餌之如越南爲法滅而猶曰不礙中國體面緬甸爲英奪而猶計照舊進貢凡此皆玩我於股掌之中。然猶不如通商之禍爲尤烈也。自長江開埠二十七口通商。耗我中國之金錢漏出外洋如水趨壑。則宋輸契丹之歲幣明撫揷漢之市價無此甚也。曩者運動贖回太行礦產。事雖甚難。已得首緒。夫已失者猶思倍價以贖而未失者宜如何保守勿放也。江淮河漢四瀆。利於舟楫載運者多。而利於田疇灌溉者少。惟衛河又曰御河。又曰運糧河。即大丹河。貫澤州、淸化、修武、獲嘉、新鄉、衛輝、道口、濬、內黃、大名、各處。至冠、舘陶、間。與漳水合流抵臨淸而入於運河。北達幽冀至天津轉白河而入京師。南越靑徐荆揚而通長江。繞越三千餘里。爲天造地設一大利藪。洋人嘆爲有益於國計民生。功在萬里長城以上。而中國乃不克盡其用。此無他。由於拘守成法而不知變通。但建牌門而不知蓄水。糧艘北上。年年擱淺。處處起駁。勞費不貲。遂使利國之資反成漏巵之壑。而議者乃欲建鐵路以捷之。不知鐵路建於陸地。則利可操勝券。若有運河之地而建鐵路。將來貿易必爲運河所奪。必致虧折無疑。而議者又謂建立國家。宜以運河爲經。鐵路爲緯。輪船通行。必先有宗流以爲之主。其旁通曲達。則支流皆開。是以沿海爲一宗流。沿江爲一宗流。沿河爲一宗流。沿運爲一宗流其無支流處枕之鐵路而縱橫之此經緯之說是也然亦思中國之地若何其廣河流之派若何其衆鐵路之費若何其鉅言之匪艱行之實艱當玆創議伊始萬無全境畢舉之理必期實有把握乃可逐漸推行溯上海始設輪船招商局奪洋人之所持挽中國之利權洵爲良策顧洋商之船行運於中華各埠者其數恒溢於招商局微論長江一帶快暢便利即如往來上海甯波廣東香港之類無異度航此係中國自有之利而使洋商侵佔其間華商心終不服僉謂强賓奪主莫此爲甚而無如何也此力不足而外人攙之過也嗟往者不可諫來者猶可追今若不急籌抵敵之法則此運河之利又將履長江覆轍宜急招股集資自爲開辦庶幾洋人無所借手則操戎自我矣夫事屬創見功未前聞計非數年以內大著成効使天下咸曉然於輪船之利庶不致因噎廢食羣起而議其後致東西洋各國鐵路之業日益隆盛而開鑿運河遂年增加蓋有由焉以法國例之在千八百五十年敷設鐵路之前開鑿運河不過僅二千一百法里至一千九百零三年測算運河之長除奥斯鹿林二州列入德國版圖猶有五千餘法里環球中運河最多者爲白耳義而法國

實亞之日本又其次焉者也。誠以歐洲多平野。而日本多山嶽。不可一律論。然觀法白兩國經營運河之迹。亦有足法者焉。法國運河可考究者三。曰南部運河。曰中部運河。曰不爾拱運河。類皆鳥道羊腸。山深林密。非賴攀險縋幽。不能揚帆飛渡也。於是穿隧道。用昇降機。以通其高低。日本四面環海。運河之用。亦不鮮焉。故中斷本州通南北運河。乃握要之事。然改絃更張。談何容易。溯自平相國以還。屢試而屢沮焉。邇來振興中央運河公司。組織明治汽船會社。蓋亦風氣使然。故自土工告竣後。有事可借以應南北之急。無事可假以省搬運之勞。近又倣法白運河工程。其奏功之速。且經耐久遠。尤未之前聞。其建造之費。核計金錢五百餘萬磅。除一切經費外。歲餘其利二十五萬磅有奇。此數祇就往來客貨計之。已有若是盈餘。其每歲轉運貨物所收運費。何止倍蓰。由是而言。工本雖重。商務但能起色。不需十稔。即可將本收歸。現中國生齒浩繁。較外國所稱戶口最盛之倫敦、柏林、巴里、東京、數都。僅足抵我尋常一郡而已。民多則用之者宏。地厚則生之者衆。物力既饒。則流通之路。自必趨之而若鶩。此可決運河暢行。其往來之客。轉運之資。當必超乎東西各邦。幷且行之愈久則民間愈信。信之愈深。則商務愈暢。夫然後以中國之財辦中國之事開華人之生計奪洋人之利權操縱在我何至反利於外人夫然後十八行省呵成一氣通國筋絡脈動而國勢爲之一振至於大局拘攣束縛而漸難挽回有輪運則風氣大開士習民風頓然丕變不復如前之深惑錮蔽譬如皎日所照而陰霾潛消是運河直轉移國是之大關鍵也且也蜀錦越犀易地而貴農粟女布途遠則奇有輪運則通功易事百貨流通豐年不憂賤穀傷農歉歲不致米珠薪桂凡百工技巧皆得借工藝以自食其力矣夫然後而百貨通矣長途跋涉費時傷財而疾病之侵風雨之阻飢寒之交迫盜賊之窺覗皆不預焉一有急事插翅難飛如有輪運則天下無旬日之程而又按期不爽資斧可以無多矣夫然後而商旅便矣中國生齒日繁謀生路窄粵人則出洋爲傭齊晋則出塞開墾誠取其便耳若有輪運則無業貧民皆可四出覓食而不必限於一隅設遇荒年則少壯者散往四方老弱者轉運以賑西北荒寒之地既可開墾升科東南人烟稠密之區亦無人滿之憂矣夫然後而生計開矣救荒一事采買米穀路近則易爲力路遠則難爲功昔人云千里饋糧士有飢色僻荒需糧別無奇策惟有相道路之遠近就便轉輸以通米糧之有無而已諺云救荒如救焚救焚者必取水速而且多方能滅火救荒之道亦然以此有餘補彼不足有輪運則多而不費速而不勞移粟移民不踰旬日飛芻挺粟價值平常不致空拖金錢以飢死矣夫然後而賑濟易矣一旦有緩急則必請兵以保護之夫兵貴神速戰貴及鋒儻徵調需時則邊疆糜爛兼程奔赴則疲敝堪虞有輪運則朝發夕至銳氣常新有疾雷不及之威無鞭長不及之慮矣夫然後而行軍速矣糧餉器械轉運維艱一日不濟立形譁潰軍前待用取辯咄嗟斯軍馬可資以騰飽有輪運則糧餉常足器械常新槍礮彈藥無虞匱乏則有所恃而無恐矣夫然後而轉運捷矣或曰衛漳二河伏秋大雨水時則水深數丈而平時、水寬不過五六丈深不過五六尺或三四尺耳何能行輪不知水有淺深輪船亦可任意大小即如三四尺之水深亦可作小輪頭以拖帶舢板但取其迅速小而多亦可抵大而寡也況河道高低不等又在修繕就前運河建牐門之法則莫如建雙牐每牐相距尋丈中空如槽形如船塢而每牐約有活門可以啓閉如船由下流上駛則先開下牐引船入槽然後閉下牐而啓上牐俟水與上流相平船即浮之而出彼船由上流來者亦如之頃刻之間可過數船而水無涓滴之耗則水漲船高。無須撈淺。而中流可駛小火輪此亦一法然至善莫如法白日各國修運之法築岸束水使有一定深度用欵雖較鉅而法實堅穩前曾倡黃河開運。事誠匪易。而先就衛漳兩河試辦之。則資本金、多則數十萬。少則數萬小火輪機頭。每架不過數千圓。如測定一段。先試辦焉。然後由近及遠由少加多逐漸擴充一撮之土積而成山一滴之水聚而成海登高自卑行遠自邇吾甚望熱心父老招股集資或富豪大賈出鉅欵而獨辦以絕外人之窺覘以保中國之利權此僕日爇沐焚香以祝者也。謹告。

第六期

來函

寶豐縣王令三案事略

過寶客

予於四月稍由魯還汴。過寶豐。爲一夕之留。偶與店主談及其縣令之政績。店主爲予歷舉最近三事。予以其極有關於世道也。故筆記之。然爾時三事。尚皆懸案未了。而牛生、及宋某族人、王氏嫡室、方謀上控。今尚不知終竟何如也。過寶客識。

今日中國之要務。所最宜重視而培植者各州縣官立之學堂也所極宜疏斥而滅絕者各州縣官用之家丁也蓋學堂爲人才發生之場中國前途之危迫實緣此通才之缺乏耳爲州縣者誠能於學堂一事。力加整頓令數年之後使學堂相繼畢業得收培養人才之實效則上之既可應諸新政之急需下之亦足使鄉里有所觀型而教育不難普及家丁爲宵小會聚之藪中國官場之腐敗實由此羣小之蠹惑耳爲州縣者。誠能於家丁之門。嚴加懲制。令衙署之內。清肅不擾。則夤緣絕。既可使合邑蒙休。蒙蔽祛。亦不至令一已終受事敗之累。即此二端。不已爲今日卓卓救世之良吏乎。予嘗執此最無聊之冀倖。以竊偵河南之州縣。乃不意賢者尙未一遇。而劣者偏於數見不鮮之餘。又得之於今之所謂寶豐縣王令者。或曰。夫既云數見不鮮矣。何以獨異於王令乎。不知所可異者。王令之寵任家丁。蔑視學務。較他人更有特別之甚者。且月餘之間。所出重要三案。皆與學堂家丁有最密切之關係也。其事之醜。吾今述之。猶覺穢汚吾口。不知巍然人上者何以竟能做出如此無恥之行爲也。聞王令涖寶之初。他事未遑。即先營一兎窟。雕飾精工。正中設紗幮。以爲轅門射戟之所。（有教習陶某呼曰拾糞所。）他人皆不得擅入。而獨與家丁中所謂倖童張某者。臥起其內。一飯不共席。食即不能甘味。間遇人命重案。偶一下鄉。雖在外一宿之留。亦必與俱。且且必與同寢處也。溺愛若此。故張某遂擅內外專房之寵。賄賂公行。威福大作。而二知縣之稱。亦直達於王令之耳。而王令弗介意也。又在任所與張某完婚。令與張某素相勾串。最稱知己之某紳。爲之引禮。且全用王令儀仗。鳴鑼開道。不知者見之皆以爲王令之親公子也。如此之類。不可彈述。惟既種此禍水。遂釀出今年四月之三大重案。試略言之。以備同胞之留心世道者觀。(一)高等小學堂學生。有牛生者。居城北牛莊。入堂已四年矣。中學極有根底。血性人也。三月稍。其村中出一鬥傷致命事。送案鄉保。係牛生族叔。王令訊問一過。令將兩造先行管押。既又面諭鄉保不准遠離。亦令在城候審。鄉保唯唯下堂。甫及出衙。皂役等追呼鄉保曰。張爺(即王令倖童張某也)吩咐。令亦將鄉保嚴押。(王令欲使其倖童張某速作富家翁故將署內要差悉委之張如稅契班管等門皆歸張管而差役以張在王令之前有寵在外勒索訛詐亦必假張之名以其易遂耳)(此時差役追呼鄉保蓋即假張名以恐嚇鄉保耳)鄉保素知張之威名。不敢分辯。但求至高等小學堂中央人取保。差役等勉强許之。鄉保至學堂備述其事於牛生。生夙恨張某之恣横。聞說怒火洶湧。不可遏止。遂往署中尋張某。詰問管押之理由。在班管室內覓張某不得。即對張某同事人。痛詆張某罪惡而返。生甫出。張某以王令退堂尚早。乘間至班管房內小憩。同事人將牛生之言。全盤呈告張某。張某平日未嘗輕受人之片言。如何能忍此一大激刺。登時奔溯於王令公座之側。隱其嚴押鄉保一節。但言牛生以保鄉保之故。一言不遂。輒大加毀罵。小的身受侮辱。口難形狀。言間復嗚嗚作嬌兒啼。此時王令心荒意亂。不暇平氣審思。忽撫慰之曰。汝且收淚。家主如今即與汝出氣。遂發怒曰。快喚牛莊鄉保來。聲音之大。屋梁爲之墜塵。差役立時傳鄉保至。王令厲聲叱鄉保曰。汝下堂後是何人來吾衙內溷鬧。鄉保曰並無此事。我城內別無熟人。惟有一族侄（即牛生也）在學堂肄業。我曾託伊來署內見班管張爺說保他事。非我所知也。王令聞言。亦不追問說保緣由。即點差役四名。令速至學堂提牛生來。差役至學堂。牛生昂然即欲隨行。同堂學生皆曰。無禮如此。孰能忍受。令差役先回。然後再作計較。差役見勢不順。只得如故歸去。回稟王令。亦自知理曲。亦不敢十分强硬。而又不能不買倖童歡心。遂轉一念曰。如此學生。留之終貽後患。且見牛生時。亦萬不能施刑。不如革之之爲快。即就公案大書革條一紙。亦不通知堂長。直將牛生斥革。既而闔堂學生。遞稟求情。不允。堂長教習入署求情。亦不允。而牛生以數年攻苦。年終即望畢業之學生。竟以一言偶犯家丁之故。遂致永成廢棄。此因家丁而摧殘學堂之學生也。此一案也。(二)涇陽宋某之案也。宋某者。涇陽之首事。邑中之上戸也。家貲鉅萬。而慳吝異常。前因滅門霸產事。被闔族在縣控告。宋某以理屈勢孤。假捐官名目。恒遠颺不到案。及王令涖任。族人催案益急。彼自念避匿終非善策。且以捐有候選知縣之職。亦不甚畏官府。因借地項公事入署見王令。蓋欲窺王令之意向以爲安置訟事步也。此時王令到任未久。正以擴充學堂經費。假新政名目。以爲牢籠人心。就中漁利計。宋某窺破其意。乘機向王令言。治晚欲報効學堂五千金。未知能就治晚虛銜保奬實缺否。王令聽言。亦逆知宋某心事。因慫恿曰。先生若肯出此鉅金報効學堂。不惟實缺可奬。即先生被控一事。亦易了結。宋某故作莊語曰。彼區區者。何足道哉。惟此事既屬義舉。自當竭力。逐欣然約期交付而出。既歸家細思。五千金重貲也。官詞即或可了。而奬典倘有不准。擲此許多。豈不可惜。反復疑思。頓悔前言。屆期屢屢託故不往。而王令盼望綦切。蓋以事成既可買上司歡心。而金一到手。略爲敷衍。即可全歸私囊。及見事有變。封。恚甚。然尙冀其未必竟敢爽約。姑且徐徐待之。至今年四月。王令探知其決無出金之意。且窺透宋某之爲人。因擱過報効一節。立出火簽。逼差帶案。此時王令即將此事始末。與已對於此事之意見。密授之於己之倖童張某矣。床某被迫。無計可施。急挾千餘金。入城運動。因自揣曰。此事除張某王令倅童不濟。遂夜謁張某。哀求爲力。張某謂能如予言。此事易了。宋某即詢辦法。張某即將王令之移公作私之主意說出。並言只需千金。宋某見此次需金。較前減去數倍。喜出望外。遂欣然應允。張某即時說知王令。王令亦大喜。恐其反復。王令即勒宋某當夜將千金交出。次日王令即傳原告當堂開斷。謂汝等與宋某既係親族。無甚麼曲直可分。今令宋某出地一項。一百畝汝等均分可也。並不准原告人分辦。勒令具結。原告等見勢如此。知宋某已施運動。無可如何。遂皆堅不畫押而歸。後有學界某。因公見王令。問及宋某報効學堂五千金事。王令言此事本屬義舉。彼既不樂爲本縣亦無强迫權力。噫、寶豐學堂。訪立以來。以經費短絀之故。事事敷衍。毫無起色。今幸有此機會。竟以張某王令倅童片語。轉環。遂將此項重欵化歸烏有。此因家丁而破壞學堂之經費也。此又一案也。(三)寶豐縣南關王姓之事也。王姓者。南關之老戶也。家道小康。夫早死。嫡妾二人。共守一子。子係妾出。今年方十六歲。在城內半日學堂肄業。而半日學堂之教習。即前與王令倅童張某迎親時引禮之某紳也。王姓之妾。頗有姿色。夫死後。不能貞。初交一回教人海某。海某小家子。身幹短小。形極猥鄙。弗快意也。後乃又與嫡室之侄。及所謂某紳者通。既得此二人後。遂將海某交絕。海某慾火中燒。不能耐忍。每思尋二人之隙。以洩己忿。四月初王姓之子完婚之次日。海某在王姓菜園中。遇王姓之子之表兄。故將筍菜毀折。王之表兄略一詰問。遂相奮鬭。然海某以身小力微。未得占勝。經衆人極力勸解乃止。越日又往半日學堂尋某紳。値某紳不在。乃就王姓之子之座問曰。日日在汝家往者是何人。王姓之子曰。我表兄也。海某曰。何不將彼逐去。王姓之子曰。我家無人。特令其與我照料家務也。焉得逐去。海某曰。若將他逐去。我去與汝照料家務。豈不較彼更可靠耶。王姓之子變色曰。汝係何人。我之家務。何用倆與我照料也。前日倆與我表兄打架後。我先生（即半日學堂敎習某紳也）即向我家人說。如若倆再向我們發野。我先生進衙門一說。管敎立斃汝命。汝今尚如此糊說耶。海某亦大怒曰。莫用大話嚇我。我總要汝的狗命。說畢忿忿而去。回家思之。不去某紳。即不能雪己之仇。再三計畫。力不能敵某紳。惟有拚死一策。尚可快心。主意既定。次日先買洋烟二錢許。晚間覓短刀一柄。並藏袖中。潛伏於某紳大門旁側之石塊下。而王姓之子。爾日自學堂歸。亦將海某之語。告其嫡娘。其嫡娘不知海某懷有別恨。但謂其仍挾打架之怨氣。遂戒其子不上學堂以避之。而某紳不見王姓之子來堂。因至其家詰問其嫡娘。告之故。某紳笑曰。彼安敢如此。明日使其師兄（某紳之子）將汝子接至我家。我三人同伴赴學堂。看海某敢彈他一指否。語畢某紳歸。次日早晨。某紳果令其子往邀王姓之子。不肯隨行。其嫡娘倚信某紳之言。遂迫遣之。二子恰走至石塊旁側。海某突出。一手捉住王姓之子之髮。出刀向項上便研。某紳之子見勢不好。遂奔往家中呼其父出。此時街中並無一人。及某紳出而海某已將王氏之子頭割下矣。望見某紳。極力猛撲。不得。某紳見王氏之子已被殺。遂抱頭反身。一路呼號。向縣衙急跪。海某知事已不成。遂將洋烟吞吃。跳內一家井中。及被執到公堂時。烟力已大發作。王令詰問事由。王氏之子之嫡娘但說係菜園打架所詰之怨。而海某已立斃杖下矣。噫、以十六歲方完婚之青年。無故遭此慘禍。雖死於海某之手。實不啻死於某紳之手也。而某紳之敢於爲此者。正假王令之倖童張某之餘威耳。推究禍由。首惡自有定在。此因家丁而冤殺學堂之學生也。此又一案也。總此三案以觀。乃知彼家丁之伎倆。誠不外蒙蔽貪緣二端。而王令悅其色貪其利任彼愚弄不顧國計民生月餘之間所出之事已如此而此外無關學堂之條件其流毒正不知何如矣雖然吾對於此三事淫惡之官吏固無庸誅矣重財之富室無耻之劣紳亦不足責矣而獨不能不於寶豐縣學堂之堂長學生而深致感嘆焉夫此學堂之堂長學生非皆寶豐縣之人乎非皆寶豐縣今日所仰賴以推倒官吏發伸民權者乎乃復各存私見互相疑忌視同堂之進退若與一己無干甚或但作俯首乞憐之態以增長官吏之氣燄而已設使當日者於牛生被革時激昂慷慨固結團體合羣力以與此寡廉喪耻衣冠禽獸之豺狼官吏抗仗義執言不惟不容其擅革牛生且必使其逐此家丁而後已如此則王令之心亦必將有所畏憚而不敢忘爲況禍根已除又安有此日後之二事哉此則予之所不能不重爲惋惜者矣或曰聞寶豐縣學堂向已屢起風潮矣子何復教導以如是乎不知向之所爲者私事也今予所言者公理也私事決不可爭而公理則又萬不可不爭是則更所望於後之爲堂長學生者

鄧州寃獄

留東諸同志鈞鑒鄧州自丙午秋。温牧紹椽履任以來。專以重刑苛歛爲事。前載津報。諒已素悉不贅。温常輕前任之寛懦。特別購快砲六十杆。曰、吾惟以此制鄧民之死命。去年春借立蠶桑學堂。毀廟產所立之小學校。以陰行浸漁之私。强押茅塚寺施主王兆祺。變賣廟地得錢六千貫。抓押梁莊寺施主路寶善。變賣廟地得銀三千兩。其餘變賣開元寺（得銀五百兩）十方院（七百兩）得子庵（六百兩）岳師寺（一千兩）老君堂（七百兩）等地計共得銀一萬餘兩。洎秋牛瘟盛行。又開辦牛捐。每買牛一頭。稅五百。騾馬七百。驢三百。自七月初十日開始。至十二月二十六日截止。報捐少遲。則以重罰隨之。差役四出騷擾。合鄧不堪其苦。今春公推教育會長王庚先爲代表。赴省會同學界。稟見林贊帥。告訴一切。六月初自汴歸里。調查斗捐。及因緩報被罰情形。其捐票號依千字文爲次。每字二百張。現已查至賴字號。計共百四十一字。得錢一萬四千一百貫。温上報省垣者。僅二百餘千。至罰欵現已調查十餘家。張守端四十五千。揚玉祥一百一十千。其餘高遂昌等二三十千二十千不等。合鄧共九十六里。各里被罰出捐者。皆有數十家不等。正調查中林撫令陶炯照來查。陶去歲秋因查學堂事與溫有舊。今春遂託其侄陶駿爲蠶桑學堂教員。駿不通科學。以情面膺任。與教員梁某放意酒色。與某庵尼名坤者聚淫而每好爲大言曰。書不讀秦漢以下。値上堂時學生書黑板以對聯曰。志常在酒色之間。會此事仍令陶令來查。陶令未嘗訪問民情。遂直入州署告以故。溫懼浼駿轉圜。厚贈以金。（贈陶一千二百兩銀）陶令既受賕。因偏禀王庚先揑控。林撫信其言。遂札飭溫監禁王庚先示懲。溫得札。遂懸賞格拿獲王某者金四百兩。送信者一百兩。（此六月二十二日事也）於是騶騎四出。並嚴守各隘口。以防他逸。意於二十五日械繫王庚先於獄。溫又恐人之通聲息也。以東洋鎖封閉監門。飭獄吏無論何人不得使通言語。王庚先之母及妻子。求一面不得。於是鄉民羣動公憤。男婦千餘人直詣州署。泣訴此事係吾鄧公事。何得罪王賡先一人。如屬誣控。請與同獄。溫見情勢洶洶。非示威不足驚駭愚民。遂命兵役放炮。抓擊鄉民。無辜被擊斃命者六人。婦人被抓押者四人。餘皆潰散。溫遂上禀郡守。誣王賡先家屬糾衆槍銜刼獄傷兵役十餘人。郡守袁素稱頑固。疾視學界。既得此稟。竟電達林撫。坐罪王賡先且云欲究問首從再稟林撫回電云。派兵彈壓。委妥員諭飭紳民。勿得附和滋事。致干重辦。刻下鄉民愈抱不平。欲共聚金京控者前日郡守親往彈壓。不知將來如何辦法。但王賡先自歸鄧後。以謀公益爲主義。故犯地方官之忌。洎比次上稟。不意又被溫陶比奸。誣陷重罪。至使鄉民憤義。反遭荼毒。將來必興大獄。不惟王賡先家屬多被株連。即合鄧亦將入黑暗地獄。永無轉機。前途曷堪設想。伏望　同志諸君。速開全體會。或豫南學會。研究一完全辦法。以拯鄧民水火。而保王賡先之性命。不勝惶恐翹企之至。

頃又聞溫令上稟言訊究抓獲之王明遠等五人口供。此次糾衆。係王賡先家屬及黨羽所爲。若不重加懲辦。則無以懲刁風。俟郡守到州。小民安靜後。再行拿辦。似此稟法。王賡先必受大寃。將來吾等學界。惟有伏首帖耳。不敢稍發言論。以濟同胞危害。前途之危險。又何堪設想乎。望火速籌辦法是盼。　又及

訪函

豫南天足會改名

豫南天足會。於四月二十五日。借信陽州城內紫霞觀。開第四期例會。到會者極爲踴躍。由會員某君。登臺演說。並議改良進步辦法數條。又將豫南天足會移爲轉坤天足會。以標最後之目的。

信陽學界之風潮

信陽簡易師範卒業生杜某。因謀充教員不遂。屢向南汝光道稟求栽培。亦未蒙恩。近忽遷怒於其表兄兩等小學校長某君。以爲不與已推薦。徑赴汴省撫署揑名誣控多條。現已委員到信查辦矣。

豫南官場之流血黨

某觀察。因不善事太太。忤太太意。致受當頭一棒。血流被面。半月不出視事。亦不接見僚屬事見滬上時報。詎該道所監督之巡警局。近又演一絕快劇。局員彭某。與敎員徐某因賭肇釁。致生口角。繼竟老拳相交。警兵以二人厠身官紳。不敢干涉。袖手作壁上觀。彭某頭額。竟觸徐拳。皮破血出。以布蒙之。數日始痊。噫、該員乃欲與上憲分痛耶。

有土此有財

信陽土稅統捐局委員許某。夙以幹員名於豫省官場。頃以煙禁日嚴。有碍於己。假公濟私。剝奪掠斂之路。乘州牧公出。誘昔日曾業土商者六人到局。迫令光復舊業。大啓土宇。並令每年擔任銷土若干。納稅若平。六人以吸戶日少。懼受賠累。不肯應允。許大怒。立送六人交州鎖押。及州牧夜歸。六人禀請宣示被押之由。許乃移文請抄沒六人家產。不准改營他業。次日州牧提六人堂訊。無罪。竟釋之。噫、六人住班房一夜。胥吏規費在所不免。然卒得保家產。尚可爲六人幸也。許現正力圖擴充煙土銷路。以爲誤國病民損人利己之計。嗚虖、中國當此禁煙時代。而用此狗彘不食之豺狼官吏。任意橫行。廣土之藥。無絕期矣。問許意云何。答曰有土此有財。

孟津梁際昌君前肄業濬縣公立實業學堂。頗留心搆造機械之術。近自製成鐵輪紡紡機一具。運動如意。較市上所售之日本製者價廉而質堅。

申陽高等官立小學堂自治會叙

地闢五洲。天演七種。相殘相食以殖以蕃。紅人登鬼籙。黑種入奴籍。塵塵刼界。開二十世紀之新幕。其與白哲人共躑躅於舞臺上者。非僅我黃帝子孫耶。烏止誰屋。鹿死誰手。高掌捷足。拔幟爭前。若刀俎。若魚肉。若天帝。若犧牲。競智鬥力。均於今日決最後之戰勝。子輿氏有言。賢者治人。不賢者治於人。治於人者食人。治人者食於人。嗚呼、孰使我赤縣神州。五千年來之貴胄神孫。竟入於不賢之列。受人治而供人食耶。府海官山。着着失利。歐風美雨。咄咄逼人。遠者譏我為睡獅。近者鄙我為散沙。我之大賢歟。我之不賢歟。殷鑒蓋不遠矣。同胞其知懼哉。且夫太西黃禍。曾抱杞憂。祖國青年。豈無蔚起。撫近時。瞻現況。雖不及祖逖中宵之舞。猶可揮魯陽日暮之戈。彼丈夫。我丈夫。寧為雞口。勿為牛後。於斯時組織社會。研究自治。藉以謀種族之發達促文明之進步。當仁不讓。有志竟成。非敢謂後生可畏也。夫亦曰匹夫有責耳。所冀海濶天空舉同舟以共濟氣求聲應合羣力以競存危局千鈞。前程萬里。物競天擇之場。優勝劣敗之勢在此一舉。何堪再誤。一鼓作氣。彼視吾轍。望吾旂者。皆已企足而翹首矣其勿俾協以謀我者自鳴得意焉幸甚。

河南交涉局員之奇談

有人詢交涉局員云。開封非商埠。外人無內地雜居之例。日本人在鼓樓街開藥房。在書店街郵政局旁開小雜貨店。貴局何不據法駁斥。以重交涉。某員答曰。日本藥料甚好。如一掃光淋濁丸掃毒丸之類均神效。幷可使內地人開眼界。

河南殖民新調查 官幕不列入

寗波五十人 製造局火車

廣東九十人 製造局火車電局葯房

福建一百七十人 火車學堂電報局（鄭州有福建人自立之法文學堂）

江蘇二百人 學堂電局郵局繙譯火車

直隷五百人 學堂郵局火車紡紗廠礦工

湖北四千人 學堂郵局轉運公司客棧小買商路工（長台關信陽州均有湖北人自立之學堂）

來稿

要求開國會者與政府對於國會之現象

醒生

頃者憲臬楊度。晉京求開國會。未晉京時與黨人訣別曰。此次北上。誓以死徇國會。不開。決不生還。於是黨人交相慶曰。支那有伊藤矣。曁到京時。堂官集議。口角泡飛。磬捭闔之術。極懸河之口。挾之以生死。怵之以禍福。譎雲波湧之伎倆。若可以動天地驚鬼神者。譎哉大老。洞其衷焉。嗟爾小子。渺然來京。具何經猷。妄譚國是。噫高車駟馬。炫孺子之稚懷。金牌花翎。作犬鷹之役使。四品京堂在焉。嗟爾楊度。欽哉朕命。故未數月。而食必有肉。出必乘車。宛然灼灼其翎。耀耀其頂矣。堂哉皇哉。楊度之晉京要求開國會也。雖然。度亦失敗矣。試問中國新報何以作。大同報之刊詞何以作。志大官也。夫四品京堂豈大也哉。米不過五斗。位弗堪折腰。虛銜微職。諸大老掌股弄物而已而夙之苦心積慮蹈當軸媚貴冑費無盡卑膝求憐之術而幾同望梅畫餅故度一則曰此位不足以縻我再則曰必去而聯絡各省要求國會則度之肺肝如見矣得不償願憤火中燒也噫度亦可憐也哉爲八旗籌生計擬皇室典範凡有益今政府者靡不擠背爲之不得謂非忠臣孝子也不職大官僅縻小位天王聖明何不諒妾心丹也然亦愚矣今之官大官食厚祿者孰非從殺人流血來哉渺爾楊度文弱蒲柳之資無吳烈士之胆徐義士之材斤斤以管城焦舌遂可以震政府之魂驚政府之魄則亦不量之至矣官爾京堂亦幸中之幸耳夫列强兕眈亡國已在朝夕憲政洪禍滅種而在頃俄度亦國民一分子不克拔本清源爲同胞指進行之方則質諸幽獨亦無能容而復假要求國會之名目爲一己之富貴功名與政府朋比爲奸非令中國之亡而心不已度具何肝腸而殘忍迺爾況狗鳴鷄隨雲流濤洴因度獲四品京堂而要求請願者不絕於京道是今政府之花翎紅頂眞可以奔走天下士矣爲今政府計不必預備立憲也不必定期開國會也下一考試開國會告諭要求督撫與五品要求堂官授四品吾知未匝月而要求開國會者盡矣無事

督撫會議堂官憔慮國是定矣四百兆冥頑不靈之民族應處於天演淘汰之內有今之政府亡無今之政府而亦亡人事之動機而天心可知矣愚論至此不禁髮直目眥攖憲梟首食憲黨肉而心始快友人曰不然食憲黨肉易救同胞難況食一憲黨肉而憲黨之繼起者又有人將肉不盡食且食其肉而彼適得殺身救國之名況同胞盲從影和立憲者實不知立憲之利害更不知憲梟憲黨之目的何在驚於立憲之美名而思以食效果也是以應起者數數果能摘發今政府立憲之情僞與憲梟憲黨要求之人格目的性質則政府憲梟憲黨之鬼謀狐算不擊而破而同胞得所從事矣愚應之曰諾諾試先言今政府立憲之情僞

今之言政府立憲發軔者厥有二派激烈派曰政府之豫備立憲者吳樾之炸彈徐錫麟之手鎗洎革黨擾攘楊子江流域與珠江一帶皆足以震驚今政府之頑魄劣性倏生芒背刺腹之懼此汲汲有圖謀立憲之舉則激烈派者反主以爲功溫和派又曰午戌變法洵立憲之萠芽時報新民皆主張開明專制明激暗誘鞭笞政府使其弗得不就立憲之範圍則溫和派者更據以爲庸其實不然激烈派者可促政府

之立憲也則洪陽之亂可謂極矣政府何不宣布立憲溫和派者可督政府之立憲也要求政府者已數十年何以至今尚爲預備嗟夫專制野蠻之政府無利於己者不爲無害於民者不爲有利於己而害於民者靡不攘脅爲之此專制野蠻政府之常態也愚謂今政府之預備立憲**發軔於甲午庚子兩役而建行於五大臣調察以後**禍福明利害熟也甲午以前雖有阿片之役償金割港列强尚未悉中國政體何如民氣何如故未敢大肆鯨吞事置俎而烹之計而政府視若故常漫以潢池盜弄無當尺戈奠安太平之歌舞仍儼然專制無愁天子詎知天道惡淫威福無久享之理人事無常利禍流積極之機未幾甲午之變政府遺禍國民遭慘而戕死於彈雨鎗林者胥窮窮無告之同胞非有列强出而干涉則滿州之亡無論矣摶摶漢族亦悉躋陸沉之慘劇而政府於其存其亡之秋適用割地賣國之手段乞憐列强不憚以同胞貲量數之鐵血所得之臺灣一擲而送之日本也雖然政府亦狼狽極矣際是時也內憂外患相逼而來雖政府如何務盲如何劣頑經此迅雷疾電不能無生光發熱之機且又有各國外交報喧傳中政府際今

之世局決不可以事立憲況中政府之立憲有百利而無一害**一治外法權可以撤回一滿漢可期融化一財政易於經理而最收無極之効果者是中央集權**之數大問題列强發之報章非示恩於政府也不過時勢遷流二十世紀之君主人民皆有自由平等之思潮而世界各國亦欲支那同化共享人間無上之幸福且可以維持列强均勢並峙之局而政府電衝腦海躍躍欲試矣然專制之金科玉律守之數百年一旦忽事立憲帝王有情誰能遺此縱立憲而財政有經集權可得而專制帝王一變爲立憲內閣政權去留不無痛痒之感此政府遲遲無行也且是時也日本彈丸之邦偶獲戰勝之局龐大無靈之政府方以勝敗無常不甚措意者且臺灣雖因同胞鐵血而得而政府目若邊陲沿海棄之不甚愛惜者故有雙方觀念終以立憲爲政府之不利不果於行也故曾幾何時萬壽山之土木興頤和園之聲歌開神聖佛爺之排頭交雜於優伶閹寺聲裡而愈見帝王有眞矣誰知溫柔鄉裡多撞惡魔庚子之變又至矣皇畿灰燼乘輿西狩顚沛流離之情狀不能筆墨形容試一觀皇輿西巡記雖政府極爲裝點炫

黃而慘目酸鼻之景況自流露於言表則政府之落膽驚魄不俟國民之炸彈利七而已怵於無地矣知萬世子孫帝王之業不可長保不得不再圖良策爲鞏固權勢之計督撫合議堂官拆衷而最終得策即中央集權然政府知集權之効果不深明集權之運用恐浪戰一試非得不償失即激而生變也觀于夙年裁撤督撫之議行省騷然幾造成督撫革命之風潮知中央集權不得不先事預備立憲之圖也此五大臣有出洋攷察憲政之舉也其攷察之要點有四 **一陸軍制行政理財及皇室典範** 蓋非是不足以鈎中央集權也自洪陽之亂兵權操於督撫此同胞殺同胞時代而政府巧於售禍殺漢人一頭者授外委殺數頭者授千總殺數百頭者授儘先補用故其時曾左殺漢人頭最多其授爵亦最優咸同之間同胞死於非命者不知幾千千萬億觀於紅頂盈斗藍翎滿車則政府之殘害同胞者自可按罪而數然兵權下移督撫尾大不掉亦政府失權之一徵也故庚子之役兩督屹不奉勤王之詔則兩宮之隱憂無一日而祛諸懷旋設陸軍部整理軍制而散漫無紀終不收役背使指之効則軍制之調察夫何容緩況專制之憲政全恃陸軍

則制民之死命者舍軍制其誰屬也此今政府憲政開幕第一着也今朝定制大權實操於君后然六部有駁議之權史臺有彈該之權一事之來發言盈庭無人職咎者此今政府政體之習慣且例治相沿幣竇愈多君委權於軍機軍機委權於尙書而尙書委權於郞中主事上下相委政權無紀而操行政之實權者惟部吏司篆故督撫司道鑽營奔走於公候卿相之門又不得搖尾乞憐於書吏曹篆之家此政府由來行政之醜態惡習膏肓之疾無可救葯者即徵之丁銀一欵中央政府之所得實不敵督撫司道部吏之饒餘近來直接稅間接稅督撫司道部吏綽餘囊底者中央政府怨讟叢集也今政府汲汲講理財之方營營嚴部務之規盜鈴掩耳終歸無濟則政府之搔首踟躕者顧己無良策則攷察行政術者實中央集權之不二法門也顧有此督撫司道部吏朘削篡歛生民即難堪命設政府精於行政術嚴於苛求督撫司道部吏者而督撫司道部吏勢不能不誅取諸民也觀於行省州縣布帛數粟騾頭槽麩無不增稅倍徵者知政府行政術愈精而同胞之死愈促矣至理財一端抱括行政法內精於行政者未有不精於理財也故不多贅夫中國民族四萬萬政府貴

冑五百萬偎實行立憲則議員選舉權首財產而次人口貴冑坐食丁粮已失選舉之資格即以人口比較之亦百不當一實行立憲即謂之皇運告終可也即愚頑不靈之政府亦不肯爲況今政府經虎眎鷹瞵之列强薰陶漸化而忍不歛翼戢謀圖一成不敗鞏固勢權之局也則皇室典範之攷察今政府之生存地也試一觀五大臣歸國後八旗之實業學堂設無游手之貴冑駐防之民田購鮮坐食之皇親資政院自治局無皇室首席者不成憲法之統制將來上下議院之組織立法司法行政諸大權國民詎能染指問鼎也愚故曰**甲午庚子立憲發生時代五臣攷察立憲預備時代今日八年實行立憲明日十年實行立憲是政府愚弄國民時代要之中央之實權不固政府決不敢定實行立憲之日期也** 三十六師團中央集權之資本尙俟十年之後憲兵中央集權之後盾猶待八旗學習（胡使到東政府別無所囑唯先調選八旗仕官學生專學憲兵使學成歸國急爲敎練憲兵隊以作開國會之備預云） 此一事徵之則立憲非生民實殺民也即地方自治之詔屢下而自治局長官胥翰詹府道試問自治之本意官自治平民自治乎欲具

自治則魔銅錢神無自治之人格欲民自治則民自由組織無庸官吏之邪魔試一攷英美德法地方制度中央政府祇有監督地方自治積極進行之目的決無加入任意擾亂之行爲今政府許民自治而又參入官吏以作掣肘慮國民程度不及也則官有何程度憂國民自治爲己害也則尤何必許其自治是司馬昭之心路人皆知矣

未完

學海

甲乙兩編　每月發刊

兵戰不如商戰商戰不如學戰處今日鬭智之時代靡不巧悔周流精心冥造以求濬瀹智識震撼文明倘欲墨守陳遺封囿故步而犄角於二十世紀其不歸於劣敗者尠矣歐風東漸時局阽危海內同胞咸懷睽瞿斷斷焉以攻究科學爲上策然新機乍萌苦迷津逮此揚子所謂幾魂曠枯糟孚曠沈擿埴索塗冥行而已者也本社有慨於此以紹介世界學說發揚祖國新知爲宗旨渙號同志共輯斯編概曰學海分甲乙二冊文法政商隸於甲理工農醫隸於乙說理樸實選詞雅馴世之潛志科學攖心世局者亮以先睹爲快也

每冊銀圓三角　全年三圓　半年一元六角

日本東京本鄉西須賀町九番地

北京大學留日學生編譯社啓

定・期・出・版

!!! 學海之特色 !!!

本社所出學海綜其內容計有六種 一學說二叢譚（皆係分科編譯唯篇幅有長短之分）三附錄（如小說詩文等類皆以編譯爲主）四提要（係就海內外新出書報擇尤提要）五調查（吾國年來派人來東調查一切然其所得皆未能公諸國民本報特設此門藉補其闕）六紹介（此係對日本商工業界及我國之與日本商工業界有關係者而言） 雖每號不能備載然必載有三種以上是爲學海特色購閱諸君幸留意焉

滇話報廣告

我華四萬萬皇漢同胞中能讀雜誌者有二萬萬則能讀滇話者必四萬萬矣其功効較雜誌爲如何此滇話之所以不可無也現在三號已出版矣全年定價一元半年五角八分零售一册一角

日本東京下谷區上野町二丁目二十四番地

滇話報社謹啓